Bibliografische Information der Deutschen Nationalbibliothek:
Die Deutsche Nationalbibliothek verzeichnet diese Publikation
in der Deutschen Nationalbibliografie; detaillierte
bibliografische Daten sind im Internet abrufbar über www.dnb.de
abrufbar

© 2016 Susanne Nitsch

Umschlagfoto: Stefan Schneider
Herstellung und Verlag:
BoD – Books on Demand, Norderstedt
ISBN: 9 783741 290022

Katharina Luther plaudert

Lutherfest in Eisenach, Sommer 2011,
mit Martin Luther „persönlich"

Erstes Kapitel

Meine lieben ehrsamen, andächtigen und frommen
Damen und Herren, Maiden und Recken, Protestanten
und Papstgläubige. Ich freue mich, dass ich Euch in
diesem Büchlein begrüßen darf. Für mich ist das eine
große Ehre, denn es steht den Frauenzimmern meiner
Zeit nicht zu, öffentlich das Wort zu ergreifen oder gar
Schriften zu veröffentlichen. Martinus gefiel es noch
nicht einmal, wenn ich mich bei uns zu Hause im
Schwarzen Kloster an den Tischgesprächen mit unseren
Studenten beteiligte, aber hier kann ich der vielzitierten
weiblichen Geschwätzigkeit endlich einmal zu ihrem
Recht verhelfen.

Martinus sagte gerne, dass man über alles predigen
könne, aber nicht über vierzig Minuten. Ich möchte
Euch nicht langweilen, aber vielleicht gibt es ein paar
Geschichten und Legenden, die Ihr von meinem
Eheherrn und unserer Kirche noch nicht kennt und ich
zu Eurer Kurzweil erzählen kann.

Ich meine ohnehin, dass der Spaß in unseren Kirchen
oft zu kurz kommt. Wenn wir Christen schon die frohe
Botschaft – das Evangelium, das davon berichtet, dass
Gott uns liebt und Jesus gestorben ist, um uns von
unseren Sünden erlösen und uns das ewige Leben
ingrößter Freude zu schenken – in die Welt
hinaustragen sollen, dann sollen die Heiden auch
merken, dass nicht nur sie einen „Heidenspaß" haben

können, sondern auch wir allen Grund zur Freude und zum Lachen haben. Es ist sicherlich kein Zufall, dass das Wort „Spaß" einen biblischen Ursprung hat. „Spasso" bedeutet: abschirren, von der Deichsel lassen, zügellos gehen lassen" – das steht tatsächlich in der Bibel. So hoffe ich, dass wir hier zusammen ein bisschen Spaß haben werden.

Allerdings teilen viele hohe Kirchenleute meine Meinung nicht. Johannes Chrysostomos wies darauf hin, dass Jesus nicht gelacht habe – ich bin davon nicht überzeugt. Schließlich hat Er während einer fröhlichen Hochzeitsfeier Sein erstes Wunder bewirkt. Jesus hat das Leben geliebt und tat alles, um den Menschen aus ihrer Bedrängnis, seien es körperliche Leiden oder belastende Sünden, zu helfen. Dazu braucht es wohl ein frohes Gemüt. Trotzdem glaube man im Mittelalter, dass das Lachen die Erlösung vorwegnähme. Immerhin steht in der Bibel: „Selig seid ihr, die ihr jetzt weint, denn ihr werdet lachen". Aber bedeutet das wirklich, dass wir in unserem irdischen Leben nicht lachen dürfen? Will Gott, dass wir keine Freude im Leben haben? Sagt Er nicht vielmehr, dass Er uns ein Leben in Fülle schenken will? Kann das funktionieren ohne das Lachen?

Ein Gott, der Menschen erschafft, Giraffen, watschelnde Pinguine, Nashörner oder Kängurus, muss doch Humor haben, oder? Immerhin ist in der Bibel 26 Mal vom Lachen die Rede, es wird zum Beispiel darin berichtet, dass Sara lachte, als sie erfuhr, dass sie mit ihren fast hundert Jahren Mutter werden sollte. Ihren Sohn nannten Sara und Abraham dann Isaak, was auf Deutsch heißt: „Gott lacht". Isaak hatte viele Nachfahren –sollten die etwa nicht fröhlich sein? Martinus meint: „Wenn Gott keinen Spaß verstünde, so möchte ich nicht in den Himmel."

Der Kirchenvater Augustinus fand es bedeutsam, dass Neugeborene weinen, wenn sie geboren werden, und nicht lachen. Die heilige Hildegard von Bingen warnte vor dem Lachen, denn es bringe den Säftehaushalt durcheinander und verletze die Milz.

Martinus sagt: „Wo Glaube ist, da ist auch Lachen." Als ich ihn fragte, wie er das meinte, antwortete er: „Wenn Gott wollte, dass wir traurig wären, würde er uns nicht Sonne, Mond und die Früchte der Erde schenken." Außerdem sagte er: „Gott hat kein Gefallen an der Traurigkeit des Geistes, sondern Er will, dass wir in Ihm sollen fröhlich sein. Darum hat Er auch Seinen Sohn nicht gesandt, dass Er uns betrübe, sondern fröhlich mache." Und noch ein letztes Zitat zum Thema Freuen möchte ich Euch sagen: „Gott will, dass die Menschen fröhlich sind, darum hat er ja alles so schön gestaltet." So hoffe ich, dass wir hier mit Gottes Zustimmung zusammen lachen können.

Viele der heutige Pfarrer und Priester zeigen gerne, dass sie Humor haben. So soll einmal während eines sehr heißen Sommers ein Schild an einer Kirche gehangen haben mit der Aufschrift: „Ist Ihnen heiß? Besuchen Sie den Gottesdienst in unserer herrlich kühlen Kirche!"

Auf einem anderen Schild war zu lesen: „Wenn Sie wieder einmal nicht schlafen können, zählen Sie keine Schäfchen – sprechen Sie mit dem Hirten!"

Zunächst möchte ich sagen, dass es mich sehr freut, dass mein Martinus heute noch bekannt ist und geehrt ist, und dass es bis heute fröhliche Geschichten und sogar Witze über ihn gibt. In unserer Zeit sind zum Beispiel Glühbirnen noch völlig unbekannt, aber in Eurer Zeit kennt Ihr vielleicht diese Scherzfrage: „Wie viele Katholiken benötigt man, um eine neue Glühbirne einzusetzen? Einen – aber das sollte bloß kein Laie sein. Und wie viele Protestanten benötigt man? Mindestens zwei – denn einer ist immer dagegen!"

Jemand erzählte mir folgende Geschichte: Ein Pfarrer, der sich immer sehr abhetzte und ein großes Pensum zu absolvieren hatte, erschien zu einer Kindstaufe. Beseelt von seinem Taufauftrag und der Verkündigung der frohen Botschaft hielt er eine flammende Ansprache – an den Täufling. Völlig begeistert und innerlich selbst mitgerissen schloss er mit den Worten: „Werde ein Mann im Geiste Martin Luthers!" Leider hatte er übersehen, dass der Täufling ein Mädchen war.

Auch in den Schulen hören die Kinder von Martin und der lutherischen Lehre. So schrieb ein Schüler in seinem Aufsatz: „Luther freute sich sehr über jede Nachricht von den Fortschritten der Reformation, die bei ihm einlief, aber es kamen auch oft traurige Kunden nach Wittenberg."

Ein englischer Schüler schrieb: „Ein Protestant ist einer, der kein Katholik ist. Die römischen Katholiken glauben, was der Papst sagt, aber die Protestanten können glauben, was sie wollen."

Eine Berliner Schülerin hatte Martins Geschichte etwas missverstanden, und so schrieb sie: „Als Luther nun in Worms war, ärgerten ihn die deutschen Fürsten so sehr, dass er von Worms fortlief. Er lief immer weiter und weiter, die Bannbulle hinter ihm her, bis er ans Reichstagsgebäude kam. Da blieb er stehen und sagte: „Hier stehe ich, ich kann nicht mehr, Gott helfe mir, Amen!"

Auch Hausaufgaben haben so ihre Tücken. Ein Pfarrer erzählte in seinem Religionsunterricht: „Als rechtmäßige Nachfolger der Apostel gelten die Bischöfe." In der Zusammenfassung, die einer seiner Schüler schrieb, musste der arme Pfarrer dann lesen: „Die Bischöfe gelten als recht mäßige Nachfolger der Apostel."

Ein anderer Pfarrer wollte seinen Schülern die Wunder erklären und fragte sie, wie man denn die Handlung nenne, bei der Wasser zu Wein würde. Ein Schüler glaubte es zu wissen. Er meldete sich und antwortete: „Weinhandlung."

In einer Grundschule ging es während des Religionsunterrichtes um Martin Luther und die

Reformation. Zu Beginn der Stunde sprachen die Kinder über Halloween und freuten sich auf ihre Verkleidungen. Der Lehrer sagte: „Ach herrje, Halloween. Was gibt es denn noch an diesem Tage?" Die Kinder sahen sich ratlos an. Der Lehrer schüttelte den Kopf und meinte: „Das Reformationsfest!" Ein Schüler fragte: „Äh ja, was war das doch gleich?" Eine Schülerin wusste es und antwortete: „Da hat doch Lothar Matthäus die Thesen an die Kirchentür genagelt!"

Auch in Universitäten ist der Name Martin Luther nicht unbekannt. Es gab einmal einen Professor für Kirchengeschichte, der zu Recht für seinen strengen Prüfungsstil gefürchtet war. Er fragte seinen Kandidaten nach den Ereignissen des Jahres 1616, jedoch gab der Student keine Antwort. Der Professor fragte: „1521?" Der Student zuckte mit den Schultern. „Erasmus von Rotterdam?" Der Student schwieg. „Katharina von Bora?" Der Prüfling schaute hilflos zu Boden. Zornig fragte der Professor: „1517?" Nachdem der Student wiederum nicht antworten konnte, schrie der Professor: „Martin Luther!" Der Student stand auf und ging zur Tür. Der Professor brüllte: „Wo gehen Sie hin?" Der Student antwortete verblüfft: „Sie haben doch gerade den Nächsten hereingerufen?!"

Martinus wäre sicherlich amüsiert, wenn er das hören würde, allerdings war er auch ein strenger Lehrer, dem das Bibelstudium über alles ging. In Eurer heutigen Zeit, wo die Leute nicht mehr viel vom Glauben wissen;

wenn ihnen – gefragt nach den Heiligen – nur der heilige Strohsack einfällt und sie alsSchutzpatron der Glöckner den „Heiligen Bimbam" nennen, würde er zweifellos mit einem Donnerwetter dazwischen brüllen und eine gepfefferte Predigt halten – Euch also wortwörtlich abkanzeln.

Auch brauchte man nicht mit seinem Verständnis rechnen, wenn er auf Leute träfe, die keine Lust auf den Gottesdienst haben. Es gab einen jungen Mann, der sich schwer damit tat, am Sonntag Morgen in die Kirche zu gehen. Müde verteidigte er sich sich mit den Worten: „Jesus hat doch ein Abendmahl gestiftet, und keine Frühmesse!"

In unserer Zeit kommen die Menschen jeden Sonntag zur Messe, Müdigkeit ist keine Entschuldigung. Die Arbeit ist in unserer Zeit weitaus härter als heute, und trotzdem muss jedes Bäuerlein, jede Magd und jeder Knecht genauso in die Kirche wie die Städter. Vorne in der Kirche sitzen die reichen und angesehenen Bürger, und je geringer der Stand eines Menschen ist, desto weiter hinten muss er sitzen oder stehen. Bettler und Huren müssen an der Kirchentür bleiben, niemand will mit ihnen zu tun haben. Außer unserem Herrn Jesus Christus natürlich.

Der Gottesdienst ist für uns eine wunderbare Gelegenheit, mit unserem Herrn zu sprechen, mit den anderen Gläubigen zu beten und zu singen und interessante Predigten zu hören. Der Glaube ist in unserer Zeit das Wichtigste überhaupt, denn es gilt, unsere Sache mit Gott in Ordnung zu bringen, unser Leben Jesus Christus anzuvertrauen und das ewige Leben zu erlangen. Wie kann so vielen Menschen in der heutigen Zeit Gott und ihr Seelenheil gleichgültig sein? Ich unterhielt mich mit einem jungen Mann und fragte ihn, was man tun müsse, um in den Himmel zu gelangen. Er antwortete: „Sterben!" Das ist zwar wahr, aber kaum ausreichend, oder? Heutzutage sind Kirchen spärlich besucht, das Wissen ist gering, und in den Klingelbeuteln führen die Spinnen ein ungestörtes Leben.

Es ist schon interessant, mit wie vielen Heiligen sich die katholische Kirche schmückt. Rund 7000 Verstorbene haben die Päpste in den Stand der Seligen und Heiligen erhoben. Wusstet Ihr zum Beispiel, dass es sogar einen Schutzheiligen der Latrinenreiniger gibt? Papst Julius I. wurde diese fragwürdige Ehre zuteil. Zu Hilfe kommt ihm dabei Clarus, ein Engländer, der nach Frankreich auswanderte und ermordet wurde. Das Wort Clarus bedeutet „klar", „rein" oder „sauber", so dass ein Zusammenhang zu dem wünschenswerten Zustand der Donnerbalken hergestellt werden kann.
Tiere als Schutzheilige sind in deutschen Landen nicht unbekannt. Schon Hugin und Munin, Odins Raben, flogen jeden Tag hinaus, um Odin zu berichten, was in der Welt vorging. Sehr beliebt ist das Glücksschwein. Früher gab es oft Spiele mit schönen Gewinnen. Als Trostpreis gab es für den Verlierer ein Schwein. Ein Schwein war jedoch sehr kostbar, da sein Fleisch das

Überleben für längere Zeit sicherte, so hatte der Verlierer Glück, wenn er Schwein hatte.

Auch der heilige Franziskus hatte ein Herz für Tiere. Der Sohn reicher Eltern, der sein Leben in vollen Zügen auskostete, änderte sein Leben, nachdem ihm ein Krieg und eine schwere Krankheit zum Nachdenken brachten. Ihm erschien Gott im Traum, woraufhin Franziskus sich zum Christentum bekehrte. Zunächst stahl er seinem Vater Geld, um eine verfallene Kapelle zu renovieren. Als sein Vater sich lautstark dagegen wehrte, warf Franziskus ihm seine Gewänder und damit auch symbolisch sein Erbe vor die Füße und entfloh unbekleidet seiner Heimatstadt. Nun zog er bettelnd und predigend durch das Land und lebte Nächstenliebe, indem er Armen und Kranken half. Auch die Schöpfung lag ihm am Herzen. Er zähmte nur mit Worten einen wilden Wolf und hielt den Vögeln eine Predigt. Wen wundert es, dass er zum Schutzheiligen der Naturschützer, Ökologen und Tierärzte ernannt wurde. Erstaunlicher ist es, dass er zusätzlich zum Patron der Flachs- und Tapetenhändler, Schneider, Weber, blinder Strafgefangenen, Schiffbrüchigen, Kopfschmerzgeplagten und der Pestkranken ernannt wurde. Diese Aufzählung ist nicht einmal vollzählig und zeigt sehr deutlich, dass den toten Heiligen keine Ruhe gegönnt wird.

Wo wir gerade von Tieren sprechen: Auch Tiere haben Schutzheilige. Der heilige Gallus ist für Hühner und Hähne zuständig, was verständlich ist, wenn man weiß,

12

dass Gallus „Hahn" bedeutet. Der heilige Antonius, der
den Versuchungen des Teufels widerstand, ist der
Schutzheilige der Haustiere im Allgemeinen. Rupert von
Salzburg ist für die Hunde zuständig, und Ambrosius
von Mailand und Bernhard von Clairvaux kümmern
sich um die Bienen. Sogar die Mäuse und die Ratten
bleiben nicht ungeschützt – die heilige Gertrud sorgt für
sie. Gertrud war eine belgische Äbtissin, die sich der
Pflege der Kranken, Witwen und Waisen verschrieben
hatte. Sie war von so gütigem und liebevollem Wesen,
dass es den Teufel reizte, sie zur Weißglut zu bringen.
Gertrud verbrachte stets viele Stunden mit dem Spinnen,
und so verwandelte sich der Teufel in eine Maus,
kletterte den Spinnrocken hinauf und zernagte den
frisch gesponnenen Faden. Zu seiner Enttäuschung blieb
die Äbtissin ruhig und sprach ihre Gebete. Dies
verärgerte den Teufel, so dass er immer wieder kam und
Gertruds Fäden zerbiss. Gertrud blieb gelassen, so dass
es den Teufel vor Wut fast zerriss und er wieder in der
Hölle verschwand. Dieser Legende verdanken wir den
Ausdruck, dass die Maus an einer Sache keinen Faden
mehr abbeißt.

Diese Geschichte empfinde ich als nachvollziehbar –
weniger begreifen kann ich die Tat der heiligen
Achahildis von Wendelstein, die es fertigbrachte, eine
von ihrem Gesinde verzehrte Gans wieder zum Leben
zu erwecken.

Dass Heilige keinen normalen Menschen sind, ist
verständlich. Natürlich heben sie sich aus der Masse ab

und fallen durch ihre besonderen Taten auf. Aber auch ihr Äußeres ist oftmals außergewöhnlich. Heilige wie Alban von Mainz, Dionysius von Paris und Eusebius von Rankweil tragen ihre abgeschlagenen Köpfe in den Händen; die heilige Gwenn, Mutter dreier Eremiten, hat drei Brüste, die heilige Agatha von Catania trägt ihre Brüste auf einem Tablett vor sich her, und der heilige Lukan von Säben hängt seinen Regenmantel zum Trocknen an einem Sonnenstrahl auf.

Mein Martinus liebte das Predigen. Er konnte nie begreifen, wie nachlässig die Priester in Rom ihre Messen zelebrierten; sie wetteiferten darum, wer als erster fertig sei und die meisten Messen an einem Vormittag halten konnte. Aber auch in deutschen Landen gab es viel Nachlässigkeit. Es soll einst einen Pfarrer in Lübeck gegeben haben, der bei schönem Wetter viel lieber an der Trave saß anstatt in der dunklen Kirche zu stehen und den Gläubigen eine Predigt zu halten. So hielt er bei Sonnenschein Predigten wie diese: „Trari trara, die Post ist da. Was bringt sie uns? Einen Brief vom Apostel Paulus. Fremde Briefe liest man nicht. Amen."

Martinus war zwar nicht unbedingt ein bescheidener Mann, er wusste schon, dass er hochgebildet war und mancherlei bewirkt hatte in deutschen Landen, jedoch wollte er die Ehre Christi nicht für sich in Anspruch nehmen. So sagte er: „Ich bitt', man wollt' meines Namens geschweigen und sich nicht ‚lutherisch' heißen, sondern ‚Christen'. Was ist Luther? Ist doch die Lehre nicht mein und bin ich auch für niemanden gekreuzigt worden. Wie käme denn ich armer stinkender Madensack dazu, dass man die Kinder Christi sollte mit meinem heillosen Namen ehren!"So wäre er sicherlich nicht angetan, wenn er die diversen kleinen Büsten sehen würde, die an vielen Orten verkauft werden, oder die Kerzen, Teelichthalter, Socken, Einkaufwagenchips, Gesellschaftsspiele, Amulette, Kräuterliköre, Playmobilmännchen und vieles mehr, worauf sein Konterfei prangt oder einer seiner Sprüche steht – auch die Sprüche, die er nie sagte.

Mehr Interesse hätte Martinus wahrscheinlich an den vielen Büchlein, die von ihm berichten. Titel wie „Thesen und andere Anschläge" träfen gewiss seinen Humor. Immerhin sagte er voraus, dass nach seinem Tode „alle wollen triumphieren und jeder will seine Gedanken ausschütten. Darum saget Prediger Salomo mit Recht ‚des Büchermachens ist kein Ende'. Ihr werdet Euch noch wundern, wenn ich im Sande liege, wie viel des Bücherschreibens über mich sein wird!" Wie man sieht, hatte er Recht. Neulich las ich in einem Büchlein eine gar fromme und wundersame Geschichte, wie mein Martinus als Säugling in seiner Wiege lag, und lauter kleine Engel um ihn herumstanden, mit zarten Stimmen wunderschöne Lieder sangen, und winzige Elfen die Wiege umtanzten. Ich musste herzlich lachen, als ich das las. Meine Schwiegereltern sind sehr bodenständige und auch strenge Menschen, die Martinus halb totschlugen, als er einst als Kind eine Nuss stahl. Ich kann mir nie und nimmer vorstellen, dass in einem solchen Hause Engel und Elfen ein und aus gingen.

Martinus' Eltern Hans und Margarethe Luther

Mein Martinus wäre sicherlich am meisten über diese Kräuterliköre amüsiert: Der Lutherrülpser und der Lutherfurz. Sicherlich kennt Ihr seinen berühmten Ausspruch: „Warum rülpset und furzet Ihr nicht? Hat es Euch nicht geschmacket?" Aber wisst Ihr auch, dass Martinus an den leibhaftigen Teufel glaubte und sich oft von ihm bedrängt fühlte? Er wusste sich in diesen Fällen jedoch zu helfen: Er drehte sich um, hob sein Gewand, zeigte seinen nackten… na ja, Ihr wisst schon, und furzte nach Leibeskräften. Das verjagte dann auch den eifrigsten Teufel.

Euch mag das lustig erscheinen, aber für uns ist unsere Welt bevölkert mit allerlei magischen Wesen wie Engeln, Teufeln, Kobolden und Trollen, Elfen und Feen, Luftgeistern, Erdgeistern und anderen Geistern, und vieles ist den Menschen unheimlich und rätselhaft. Viele glauben an Amulette, Zeichen von Gott, glückbringende Rituale – und an Hexen. Meine Schwiegermutter selbst ist einst in die Fänge eine Hexe geraten. Ihre kleine Tochter verstarb ganz plötzlich, und meine Schwiegermutter war sicher, dass ihre Nachbarin eine Hexe sei und über den bösen Blick verfüge. Ihre Schuld sei es, dass das Töchterlein gestorben ist. Eines Tages wurde die böse Nachbarin erschlagen und auf den Dorfanger geworfen. Meine Schwiegermutter war erleichtert – der Satan hat sich die Seine geholt, meinte sie.

Im Sommer 1540 wurde unter der Zustimmung der Wittenberger die Prista Frühbottin zusammen mit ihrem Sohn Benedictus auf dem Marktplatz verbrannt, weil sie Wetterzauber betrieben und die Weide vergiftet hatten. In unserer Zeit und unserer Welt ist das nicht allzu ungewöhnlich. Preußen ist voller Teufel, Lappland ist bekannt dafür, dass es dort viele Zauberer gibt, und in der Schweiz gibt es einen hohen Berg, auf dem sich der so genannte Pilatusteich befindet – dort treibt ein Teufel sein Unwesen. Und auf dem Pichelsberg gibt es einen Teich, mit dem man das Wetter beeinflussen kann. Wirft man nämlich einen Stein hinein, entsteht ein Sturm. Solche Dinge glauben die Menschen meiner Zeit, und eben auch meine Schwiegermutter.

Martin Luther ist natürlich nicht nur ein Kind seiner
Eltern, sondern auch ein Kind seiner Zeit. Das Bibelwort
aus dem Buch Mose „du sollst die Zauberinnen nicht
leben lassen" nimmt er durchaus ernst und er kennt
keine Rücksicht auf böse Hexen. Nie ist man sicher vor
Hexen, Zauberern und dem Teufel. Während einer
Messe, die Martin hielt, traute sich ein Teufel sogar in
die Kirche und foppte ihn, indem er als Engel vor ihm
auftauchte. Martin jedoch durchschaute den Betrug und
brach den Gottesdienst unverzüglich ab. Mit dem Teufel
ist schließlich nicht zu spaßen. Erst als älterer Mann sah
er den Aberglauben kritischer und meinte: „Es gibt
nichts Mächtigeres in der Welt als den Aberglauben,
aber vor Gott ist er ein Gräuel!"

Apropos Engel: Wusstet Ihr eigentlich, dass man im
Mittelalter ernsthaft darüber disputiert hat, wie viele
Engel auf eine Nadelspitze passen? Im Jahre 1298 lud
der Dekan einer Theologischen Fakultät in Frankreich
drei streitende Parteien ein, um diese Frage zu klären.
Einer der gelehrten Männer glaubte, kein einziges dieser
ätherischen Wesen passe auf eine Nadelspitze. Der
zweite berief sich auf Thomas von Aquin und war sich
sicher, dass 150 Engel darauf passen würden. Der dritte
meinte, es seien unzählig viele, dass sie ja immateriell
seien. Ob man dem Rest der Geschichte Glauben
schenken darf, vermag ich nicht zu beurteilen, aber
hört selbst: Der Dekan holte eine Nadel hervor und
steckte sie mit dem stumpfen Ende in eine Tischspalte.
Er faltete die Hände und wartete ab. Tatsächlich

schwebten nach wenigen Minuten ein paar Engel in den Raum. Sie umflogen mehrmals die Nadelspitze, und dann setzte sich tatsächlich der erste Engel auf die Spitze. Der zweite Engel zögerte, dann nahm er ebenfalls Platz, dann der dritte. Der vierte Engel jedoch versuchte es zwar, rutschte aber ab und fiel auf die Tischplatte. Daraufhin verließen alle Engel den Raum. Der Dekan hielt fest: „So, wie wir gesehen haben, sind es drei Engel, die auf der Nadelspitze Platz finden. Somit ist der Streit beendet."

Le Varlin bemängelte jedoch: „Die Engel sahen merkwürdig aus."

Grandgouche sagte: „Sie waren viel zu groß!"

Und Batteux meinte: „Das waren keine Engel, denn wenn es Engel gewesen wären, hätte es ihnen ihre immaterielle Substanz ermöglicht, mit unzähligen anderen Engeln auf der Nadelspitze zu sitzen."

Grandgouche beharrte: „150!"

Le Varlin widersprach: „Keiner!"

Der Dekan versuchte, die Gelehrten zu beschwichtigen: „Es ist doch nun bewiesen…"

Die drei Gelehrten unterbrachen ihn: „Bewiesen ist nur, dass das keine Engel waren."

Da die drei sich einig waren, gingen sie zum Großinquisitor, der den Dekan nicht mochte. Und so soll am zweiten Sonntag nach Trinitatis vor Notre Dame ein helllichter Scheiterhaufen gebrannt haben.

Und wenn Euch diese Geschichte merkwürdig vorkam, hört nun diese: Gute 120 Jahre vor meiner Geburt, da hatten wir gleich drei Päpste. Im Jahre 1378 wurde ein

neuer Papst gewählt, ein Italiener. Die französischen
Kardinäle waren damit unzufrieden. Sie reisten zurück
in ihre Heimat und wählten einen anderen Papst. Somit
gab es zwei Päpste. Eine gute Lösung war dies leider
nicht. Also wurde ein Konzil abgehalten, auf dem ein
neuer Papst gewählt wurde. Natürlich waren die
anderen beiden Päpste damit nicht einverstanden und
beharrten auf ihrer Papstwürde. So gab es ab dem Jahre
1409 gleich drei Päpste. Leider gab dies ein heilloses
Durcheinander. Jeder der Päpste gab eigene Regeln vor,
und niemand wusste mehr, welchen Anordnungen er
folgen sollte. Schließlich griff König Sigismund ein: Er
überredete Papst Johannes XXIII, ein neues Konzil
einzuberufen. Tatsächlich erschienen dazu die Vertreter
der drei Päpste und alle wichtigen Herrscher. Aber sie
kamen nicht allein. Das einfache Volk wollte sich dieses
Spektakel nicht entgehen lassen, und so zogen
Kaufleute, Gaukler und Spielleute aus ganz Europa her
nach Konstanz. Konstanz war eine recht kleine Stadt mit
etwa 6.000 Einwohnern – aber zwischen 1414 und
1418 kamen über 70.000 Menschen angereist.

Jeder der drei Päpste wollte seine Papstwürde behalten.
Papst Johannes XXIII. kam sogar persönlich nach
Konstanz, um sich wiederwählen zu lassen. Als er
merkte, dass ihm das nicht gelingen würde, floh er
nachts in Verkleidung aus der Stadt. Allerdings
erfolglos. Das Konzil nahm ihn gefangen und setzte ihn
kurzerhand ab. Der zweite Papst trat zurück, der dritte
musste wiederum abgesetzt werden. Nun war endlich
wieder eine richtige Papstwahl möglich: Im Jahre 1417

wurde Papst Martin V. gewählt, und damit kehrte
wieder Ruhe ein.

Allerdings mag ich mir gar nicht vorstellen, wie hart
mein Martinus hätte kämpfen müssen, wenn er sich
gleich mit drei Päpsten hätte anlegen müssen.

Er ärgerte sich schon genug über Papst Leo X. Nachdem
Papst Julius II. am 21. Februar 1513 verstorben war,
wurde Giovanni de' Medici als dessen Nachfolger
gewählt. Er nannte sich fortan Papst Leo X. Leider war
er weder Priester noch Kardinal, so dass diese Weihen
schleunigst nachgeholt werden mussten, bevor er am
19. März zu Papst gekrönt werden konnte. Leo genoss
seine neuen Privilegien. Berühmt sind diese beiden
Zitate von ihm: „Die Mär von Jesus Christus hat Uns
viel Geld eingebracht!", und „Da Wir nun Papst sind, so
lasst es Uns denn auch genießen!" Das tat er dann auch.
Er schwelgte in Kunst und Kultur und ließ sich
rundherum verwöhnen. Sein Hofnarr musste ihn
ständig zum Lachen bringen, und wenn ihm das nicht
gelang, ließ Leo ihn kurzerhand verprügeln. Der Papst
ging nach Herzenslust angeln und zur Jagd, und er
feierte prunkvolle Feste und Karnevalsumzüge. In der
päpstlichen Menagerie lebte sein Lieblingstier; ein
indischer Elefant namens Hanno, der ihm von König
Manuel I. verehrt worden war. Der König schenkte ihm
außerdem ein Nashorn, das auf der Reise jedoch leider
verstarb und den Vatikan nur noch ausgestopft
erreichte. Aber dennoch gelangte es zur Berühmtheit,
da Raffael es im Papstpalast verewigte.

Der größte Ehrgeiz des Papstes galt jedoch dem Petersdom, der Grabeskirche über dem vermuteten Grab des Apostels Petrus. Den Vorgängerbau hatte Konstantin der Große um 324 errichten lassen. Knapp 1.200 Jahre später meinte Papst Julius II., es sei an der Zeit für einen neuen Bau, denn die Grabeskirche inmitten eines der am schlimmsten von Mücken behaftete Gebietes sei des Apostels Petrus unwürdig. 1506 wurde der Grundstein für die neue Peterskirche gelegt. Finanziert wurde dieser Bau durch den Peterspfennig und den Verkauf der begehrten Ablassbriefe, dessen bekanntester Händler in Deutschland Johann Tetzel wurde, der Luthers Zorn auf sich zog. Um der Gerechtigkeit die Ehre zu geben muss ich sagen, dass Leo zwar der Auslöser des Thesenanschlags war, aber nicht die Ursache. Schon seit Jahrzehnten wurde das ausschweifende Leben der Päpste kritisiert. Papst Leo X. warf das Geld mit vollen Händen zum Fenster hinaus. Am 1. Dezember 1521 starb der kränkliche und übergewichtige Papst so schnell an einer Wintergrippe, dass er nicht einmal mehr die Sterbesakramente empfangen konnte. Sein Leichnam war entstellt von Schwellungen und schwarzen Verfärbungen, und so kam der Verdacht auf, sein Mundschenk Malaspina habe ihn vergiftet, jedoch konnte ihm nichts nachgewiesen werden. Die Schulden, die Leo hinterließ, waren immens hoch, so dass nicht einmal die Kerzen für seine Beerdigung bezahlt werden konnten.

In früheren Zeiten, nämlich im Jahre 1268, nachdem

Papst Clemens IV. verstorben war, hielten die Kardinäle ein ausgesprochen langes und sehr gemütliches Konklave ab. Sie fanden und fanden kein Ende. Irgendwann beschloss der Oberste der Franziskaner namens Bonaventura, die Kardinäle einzuschließen. Das Gebäude wurde von bewaffneten Männern umstellt, und man erhoffte sich nun eine größere Entschlussfreudigkeit. Aber nichts geschah. Nach insgesamt drei papstlosen Jahren verlor der Bürgermeister Alberti di Montebuono die Geduld: Er stoppte kurzerhand die Lieferung der Lebensmittel und ließ das Dach abdecken, so dass die Kardinäle hungern und frieren mussten. In der Tat beförderte dies die Entschlussfreudigkeit, und sie wählten 1271 Tedaldo Visconti, der sich fortan Papst Gregor X. nannte.

Und so, wie es so viele Geschichten und Anekdoten um die hohen Herren gibt, ranken sich natürlich auch mancherlei Historien und Legenden um meinen Eheherrn Martinus Lutherus, und gibt es viele berühmte Aussprüche von ihm. Ein paar Geschichten möchte ich Euch nun erzählen.

Das Gerücht, Martinus' Mutter Margarete Lindemann, habe mit dem Teufel gebuhlt, sei von ihm schwanger geworden und habe dann Martinus zur Welt gebracht, ist nicht wahr. Die Papstgläubigen haben ernsthaft über die Möglichkeit disputiert und sich gefragt, ob Martinus ein Satansbraten und Teufelsbalg sei, aber glaubt mir: Trotz all seiner Fehler war Martinus ein Mann, der Gott liebte und Ihm nahe war.

Nun möchte ich hier gerne einen Irrtum aufklären.
Viele Menschen glauben, Martinus habe seine
Entdeckung von Gottes Gnade auf dem Lokus gemacht,
und nennen es „Turmerlebnis". Martinus hatte sich im
Kloster sehr mit seinem Glauben abgequält, er hat
gelitten, unaufhörlich gebetet, gefastet und gebeichtet,
um sich die Gnade und Liebe Gottes zu verdienen.
Leider gelang ihm das nicht. Er blieb ein sündiger
Mensch, dem seine ganze „Möncherei" nicht zum
Seelenheil verhalf. Im Winter 1513 fand er denn die
berühmte Bibelstelle im Römerbrief: „Denn darin wird
offenbart die Gerechtigkeit, die vor Gott gilt, welche
kommt aus Glauben im Glauben, wie geschrieben steht:
‚Der Gerechte wird aus Glauben leben.'" Martinus
verstand, dass man Gott lieben und Jesus als Heiland
und Erretter anerkennen muss, um Gottes Liebe zu
erlangen. Nicht gute Werke machen einen guten
Christen, sondern gute Christen machen gute Werke.
Gute Werke ohne Liebe zu Gott führen nicht zum Heil.
Diese Erkenntnis soll Martinus plötzlich gekommen
sein; Johannes Aurifaber schrieb in seine Aufzeichnungen den Zusatz „super cloacam". Wie Andreas
Malessa in seinem Buch „Hier stehe ich, es war ganz
anders" so schön schreibt, bedeutet „super cloacam"
nicht „ein super Klo", sondern „über den Abwässern"
oder „trotz übler Gerüche". Das bedeutet wohl, dass
Martinus seine Erkenntnis nicht auf dem Abort, sondern
in seinem Arbeitszimmer hatte und eher das Ergebnis
des Schreibens, Lesens und Lernens war.

Für Martinus indes war sein Turmerlebnis nicht so erheiternd. Es war für ihn ein Erlebnis, das ihn zutiefst erschütterte und das sein Leben und das unzähliger anderer Menschen einschneidend veränderte. In seinen Tischreden, die er auf Latein abhielt, bezeichnete er den Raum als „locus", was einfach nur „Ort" bedeutet. Martins Studenten schrieben die Tischreden eifrig mit, und einer von ihnen berichte, Martin hätte diese Kunst vom Heiligen Geist auf dieser Cloaca auf dem Turm erhalten.

Luthers Gegner versuchten, das Turmerlebnis ins Lächerliche zu ziehen und spotteten, er habe seine Entdeckung auf dem Abtritt gehabt. Schließlich sei der Abtritt der Ort, wo sich die meisten böser Geister und der Teufel selbst herumtrieben.

Luther, der ja vor unserer Hochzeit ein Augustiner Chorherr war, sah natürlich im Kirchenvater Augustinus seinen wichtigsten Lehrer. Einer von Augustinus' Schülern hatte einst auf der Kloake einen Psalmvers gesungen, was Augustinus' Mutter sehr aufbrachte. Augustinus jedoch entgegnete, dass es gerade in den Psalmen um die Befreiung vom Schmutz des fleischlichen Lebens gehe, ebenso wie bei der Entleerung des Darmes.

Wie jeder weiß, erregte sich Martinus über den Ablasshandel. Dabei ging es ihm nicht um den Ablass als solchen, denn er glaubte daran, dass die Kirche die Zeit im Fegefeuer für die Sünder verkürzen konnte.

Selbst er sprach im Beichtstuhl Ablässe aus. Aber er störte sich an dem Ablasshandel. In der Bibel ist über den Ablasshandel nichts zu finden. Über das Fegefeuer findet sich dagegen allerhand: „Von welcher Art eines jeden Werk ist, wird das Feuer erweisen. … Wird jemandes Werk verbrennen, so wird er Schaden leiden; er selbst aber wird gerettet werden, doch so wie durchs Feuer hindurch." Aus diesen Versen von Paulus leitete der Kirchenvater Origenes im dritten Jahrhundert das Fegefeuer ab. Eine Seele müsse erst im Fegefeuer geläutert werden, bevor sie zu Gottes Herrlichkeit Zutritt erhält. So schätzte Origenes, dass pro Sündentag ein Jahr Fegefeuer fällig werden würde. Und welcher normale Mensch schafft schon einen sündenfreien Tag? Bei einer Lebenserwartung von vierzig Jahren kommen da schon gute 14.600 Jahre Fegefeuer zusammen. Wer möchte diese Zeit nicht abkürzen? So versucht der Gläubige, den Schaden wiedergutzumachen, beichtet seine Sünden und bittet den Geschädigten und Gott um Vergebung. Der Priester spricht den Sünder dann von seinen Sünden frei. „Ego te absolvo" heißt der Satz. Der Priester kann Gläubige von den Sünden frei sprechen, weil die Kirche den göttlichen Gnadenschatz verwaltet. Gottes Gnade und Barmherzigkeit haben diesen Gnadenschatz erworben, weiterhin hat Jesus Christus durch sein Leben und Sterben den Schatz vergrößert, und jeder Heilige und jeder Märtyrer trägt sein Scherflein dazu bei. Martinus glaubte dies alles unbeirrt. Als er 1510 in Rom weilte, nutzte er die Gelegenheit, die Sündenstrafe für seinen verstorbenen Großvater zu mindern. Später berichtete er: „Es tat mir schier leid, dass mein Vater und meine Mutter noch lebten. Ich hätte sie gerne aus dem Fegefeuer erlöset mit meinen Messen und anderen trefflichen Werken und Gebeten." Als Priester hörte er die Beichten und sprach die Menschen von ihren Sünden los. Aber immer weniger Menschen kommen zur Beichte und Sündenvergebung. Als er den Grund dafür erfährt, ist er sprachlos. Ein Mörder legt ihm seinen Ablasszettel vor, auf dem steht: „Wir tun kraft der uns verliehenen Gewalt durch diesen Brief kund und zu wissen, dass Markus Menner von dem durch ihn verübten Totschlag freigesprochen ist. Wir befehlen allen und jedem, dass niemand – kirchliche Amtspersonen oder Laien – ihn wegen dieses Totschlags anklage, verurteile oder verdamme." Unterschrieben ist dieser Ablassbrief von dem Dominikaner Johann Tetzel, den der Bischof Albrecht von Mainz und Magdeburg beauftragt hatte. So ist es kein Wunder, dass die Menschen Tetzel umjubelten, wenn er in ihre Stadt oder ihr Dorf kam, sie die Kirchen und Marktplätze bevölkerten, so dass die Anwohner sogar ihre Häuser zur Verfügung stellen mussten, damit die Schaulustigen aus den Fenstern Tetzels Predigten lauschen konnten. Jeder wollte die Gnade Gottes für sein Geld erwerben. Auf den Gassen sagten sich die Leute: „Spende etwas für den Petersdom und zeig die Quittung dem lieben Gott. Dann brauchst du weder zu bereuen noch beichten noch Buße tun oder um Vergebung bitten."

Von den Lutheranhängern wurde später die Geschichte verbreitet, wie Tetzel im Braunschweigischem Lande unterwegs war und dort von einem Raubritter angesprochen wurde. Dieser begehrte einen Ablassbrief für eine Sünde, die er noch zu begehen gedachte. Der geschäftstüchtige Tetzel verkaufte ihm den Ablassbrief für teures Geld. Der Raubritter bedankte sich – und erschlug Tetzel kurzerhand. Den Ablassbrief hatte er ja schon, und er konnte nun frohen Mutes mit dem Geld aus den Geldtruhen seinen Weg fortsetzen. An dieser Stelle steht heute noch der Tetzelstein, an der man diese Geschichte nachlesen kann. Aber – es ist nur eine Legende.

Sogar eine Preisliste hatte Tetzel: So kostet Kirchenraub neun Dukaten, Mord und Totschlag sieben Dukaten, Hexerei sieben Dukaten, und bei Ehebruch und Kindesmisshandlung wird der Preis je nach Sachlage festgesetzt. Mit wohlgesetzten Worten malte der Dominikaner seinen Zuhörern die Hölle vor Augen, in den schillerndsten Farben beschrieb er die Qualen der verstorbenen Angehörigen. Auf einer überlieferten Schrift steht zu lesen: „Sieh deine Mutter an! Wie sie von den Flammen des Fegefeuers gequält wird! Und das leidet sie ja deinetwegen! Du könntest ihr ja mit einem Groschen zu Hilfe kommen! Ach ach, wehe über euch, die ihr Gottes Gnade verachtet, die doch so billig zu haben wäre!"

Ungezählte Menschen zückten daraufhin ihre oft schmalen Geldkatzen und suchten ihre letzten Münzen zusammen, um ihren lieben Verstorbenen den Weg aus dem Fegefeuer zu ebnen.

Johann Tetzel wurde später unter Hausarrest in seinem Leipziger Kloster gestellt und starb dort 1519 einsam und verbittert, vom Leben enttäuscht.

Martinus verbrachte nach dem Wormser Reichstag 1521 etwa ein Dreivierteljahr auf der Wartburg in Eisenach und übersetzte dort das Neue Testament ins Deutsche. Die Menschen glaubten, man habe ihn überfallen und ermordet, und nur wenige Menschen wussten, dass er sich in Eisenach aufhielt, wo er als Junker Jörg lebte. Für Martinus kam die „Entführung" nicht überraschend, er wusste Bescheid und schrieb sogar in einem Brief, dass man ihn „eintun" würde und er „im Reich der Vögel wohnen" würde. In nur elf Wochen übersetzte Martinus dort das Neue Testament. Man behauptet, er habe ein Tintenfass nach dem Teufel geworfen. Angeblich hat man auch den Tintenfleck über Jahre hinweg immer wieder erneuert, und Besucher sollen sich heimlich winzige Holzstückchen abgeschabt haben, um eine Erinnerung an ihn zu haben. Und das, obwohl Martinus stets gegen Reliquien gewettert hat. Martinus hat zwar „den Teufel mit Tinte vertrieben", aber wohl nicht durch einen Wurf mit dem Tintenfass, sondern mit seinen klugen Schriften und der Bibelübersetzung.

Als Martinus wieder zurück in Wittenberg war, überprüfte Philipp Melanchthon, der berühmte Griechisch-Lehrer, wie genau Martinus sich an die griechische Fassung der Bibel gehalten hatte. Im März und April 1522 streiten er und Martinus sich um jedes Wort. Martinus hatte bei seiner Übersetzung „den Leuten aufs Maul geschaut" und nicht unbedingt wortgetreu übersetzt. Philippus jedoch ging es um eine wortgerechte Übersetzung. Als Philippus merkte, dass Martinus irgendwann ungeduldig wurde, beschwichtigte der Griechisch-Gelehrte: „Du solltest wissen, Martinus, es geht mir nur ums Griechische." Und Martinus antwortete: „Und du solltest längst gemerkt haben, geschätzter Philippus: mir geht es nur ums Deutsche!"

Wisst Ihr eigentlich, weshalb Luther oft mit einem Schwan gezeigt wird? Das geht auf Jan Hus aus Böhmen zurück. Er stand für ein allgemeines Priestertum und die Gewissensfreiheit ein. Er wurde der Ketzerei angeklagt, und obwohl ihm der Kaiser freies Geleit zusagte, verbrannte man ihn 6. Juli 1415 in Konstanz. Der Name „Hus" bedeutet auf Deutsch „Gans", und auf dem Scheiterhaufen sagte Jan Hus: „Heute bratet Ihr eine Gans, doch in hundert Jahren wird ein Schwan erstehen, dessen Worte Ihr nicht widerstehen könnt!" Genau 102 Jahre später schlug Martin seine Thesen an die Kirchentür – daher stellt man ihm auf Bildnissen oft einen Schwan zur Seite.

Im Gegensatz zu Martinus glaubte Philippus wirklich an die Astrologie. Martinus meinte dazu: „Zeichen und Gestirne sind nicht dazu geschaffen, dass sie mich meistern, sondern mir zu Nutz und Dienst. Über Tag und Nacht sollen sie regieren, aber über meine Seele sollen sie kein Regiment noch Gewalt haben. Der Himmel ist dazu gemacht, dass er Licht und Zeit gebe. Die Erde, dass sie uns trage und speise. Mehr können sie nicht von sich geben noch wirken."

Selbstverständlich kannte Martinus die Bibelstellen zu diesem Thema. Im 3. Buch Mose 19, 26 steht: „Ihr sollt weder Wahrsagerei noch Zauberei treiben." Im 5. Buch Mose 18 steht: „Wenn du in das Land kommst, das der Herr, dein Gott, dir geben will, so sollst du nicht lernen, nach den Gräueln dieser Völker zu handeln. … Denn diese Völker, die du aus ihrem Besitz verdrängen wirst, gehorchen Zeichendeutern und Wahrsagern, aber der Herr, dein Gott, erlaubt dir solches nicht." Und im 1. Samuel 15, 23 steht: „Denn Ungehorsam ist Sünde wie Zauberei, und Widerstreben ist wie Abgötterei und Götzendienst."

Trotz allem hatte Philippus Melanchthon sogar einen persönlichen Astrologen, nach dessen Empfehlungen er handelte oder Dinge unterließ. Einmal weigerte Philippus sich, mit Martinus eine Holzbrücke zu überqueren, die über die Elbe nach Wittenberg führte, weil sein Astrologe ihm davon abgeraten hatte. Der durstige Martinus schlug daraufhin vor, in einen Gasthof auf dieser Seite der Elbe einzukehren und erzählte später: „Der Philipp Melanchthon schaut in die Sterne, ich auf den Grund meines Bierkännleins. Das Ergebnis ist das Gleiche: Du willst nicht nach Hause, weil du Angst vor dem Wasser hast – und ich nicht, weil ich noch etwas trinken möchte!"

Die Verbreitung der Schrift lag Martinus wirklich sehr
am Herzen. Auch in seinen Predigten war zu spüren,
von welch tiefem Glauben er erfüllt war. Es be-
kümmerte ihn jedoch, dass er – wie er meinte – so eine
schwache Stimme habe. Philippus Melanchthon
schmunzelte, als er die Klagen seines besten Freundes
vernahm, und antwortete: „Aber man höret sie gar
weit!"

Dass ein Mann wie mein Eheherr Martinus nicht
unumstritten ist, ist wohl jedermann verständlich. So
geschah es, dass einer von Martinus' Studenten sich in
ein Mägdelein verliebte, dessen Großmutter jedoch
papstgläubig blieb und gegen die geplante Verlobung
wetterte. Jedoch tat ihr das Weinen der Enkelin im
Herze weh, und so wanderten die alte und die junge
Frau zum Elstertor, wo ein Aschehaufen rauchte.
Begeistert erzählte der verliebte Student, wie Luther hier
an dieser Stelle unter den begeisterten Menschen die
Bannandrohungsbulle des Papstes verbrannte. In der
Großmutter entflammte der Zorn. Sie rammte ihre
Spazierstock in die Erde und rief aus: „Ihr beiden
werdet erst heiraten können, wenn mein Stock zu
grünen beginnt!" Die Enkelin weinte. Ihr war klar, dass
sie nun die Hoffnung auf eine Heirat begraben müsse.
Der verliebte junge Mann jedoch gab nicht so rasch auf.
Er suchte eine junge Eiche und pflanzte sie in eben diese
Stelle, in der der Krückstock steckte. Im
darauffolgenden Frühjahr erzählte er der alten
Großmutter, ihr Krückstock habe Blätter und Äste

getrieben. Nun musste sie ihre Zustimmung zu der Hochzeit geben, die Martinus bald freudig abhielt. Noch heute steht dort die Luthereiche, wenn auch eine neuere.

Ein Mann wie Luther hat natürlich viele Feinde. Einer von ihnen ist Dr. Johannes Eck aus Ingolstadt. Bei einer Disputation machte Eck sich lustig über den Namen Lutherus und meinte, man solle doch das R aus dem Namen entfernen, dann hieße Luther wie das, was er sei. Lutheus erinnere an das lateinische Wort „Lutus – der Kotige". Luther ist ja nicht auf den Mund gefallen und antwortete schlagfertig: „Wenn ich den Namen Eck geschrieben sehe, mit dem abgekürzten Doktortitel voran, dann lese ich stets ‚Dreck'".

Ich hätte als junge Frau nie geglaubt, dass ich einmal heiraten würde. Ich war Nonne im Kloster zu Grimma und arbeitete dort zusammen mit meiner Muhme als Siechenmeisterin. Ich liebte diese Arbeit; das Sortieren der Kräuter, der trocknenden Kräuterbüschel, diesen sommerlichen Duft, den sie verströmten, und die Möglichkeit, Kranke zu heilen oder ihre Leiden zu lindern. Natürlich unterlag jede Krankheit und jede Gesundung allein der Entscheidung Gottes, aber es war ein schönes Gefühl, unserem Herrgott ein wenig helfen zu können.

Die Ruine des Klosters in Nimbschen bei Grimma, in dem Katharina von Bora als Nonne lebte

Es gab keine Möglichkeit, ein Kloster zu verlassen, und auf die Entführung einer Nonne stand der Tod. Nonnen unserer Zeit lebten ein sehr strenges Leben. Natürlich gab es Klöster, in denen gefeiert wurde, und es war auch schon manche Nonne schwanger geworden, aber in unserem Kloster lebten wir ein züchtiges und keusches Leben. Ein einfaches Leben war es nicht, denn die Klöster waren kalt und zugig, das Essen karg, die Fastenzeiten lang und die Arbeit hart. Wir lebten mit dem Tod auf Du und Du. Natürlich kann jeder einzelne Mensch überraschend vom Tode dahingerafft werden, aber im Kloster werden wir ganz besonders darauf vorbereitet. So hat jede Nonne einen echten Totenkopf

34

in ihrer Zelle, um stets daran erinnert zu werden, Gottes
Gebote zu beachten und ein möglichst reines Gewissen
vorweisen zu können. Dabei gehen längst nicht alle
Menschen freiwillig ins Kloster. Die meisten werden
bereits als Kinder im Kloster abgegeben; vor allem,
wenn das Kind kränklich, verkrüppelt oder hässlich war
und wahrscheinlich keinen Ehegatten finden würde.
Oftmals wünschen die Eltern auch einfach, dass ihre
Kinder für das Seelenheil ihrer Familien beten, denn die
Gebete von Kindern sind wirksamer als die von
Erwachsenen, weil ihre Seele noch unschuldig ist.
Gebete von Ordensleuten sind wiederum wirksamer als
die von Laien, weil sie Gott näher stehen. Viele möchten
ihren Töchtern auch eine gute Bildung ermöglichen,
denn die erlangt ein Mädchen nur im Kloster.
Allerdings gehörte es auch zum „Zehnt", eines seiner
Kinder Gott zu schenken und ins Kloster zu geben.
Außerdem erfuhren wir Nonnen Respekt und Achtung
von den Menschen, auch wenn wir unsere Klausur
nicht verließen. Als Frauen waren wir nicht viel wert;
schon Platon schrieb, dass unehrenwerte Männer als
Frauen wiedergeboren würden; und Thomas von Aquin
schrieb, dass Frauen unter ihrer Haut nur aus Schleim
und Unrat bestünden. Als ob Männer unter ihrer Haut
anders aussähen…

Wer nun glaubt, es sei billiger, ein Kind ins Kloster zu
geben als es zu verheiraten, irrt. Auch die Klöster
verlangen eine Aussteuer, und so gelangen vieleKlöster
zu großem Landbesitz mitsamt der Bevölkerung, die als
Leibeigene oder Hörige dem Kloster Frondienste leisten

müssen, oder zu großem Geldsegen. Die meisten
Nonnen und Mönche sind von adligem Geblüt, und da
jeder durch seiner Hände Arbeit seinen Lebensunterhalt
verdienen muss, verbringen sie ihre Tagen neben den
sieben Gebetszeiten mit Sticken, Arbeit im Scriptorium
und ähnlichen Beschäftigungen. Die niedere Arbeit
wird von Laienschwestern und Laienbrüdern erledigt.
Klöster waren schon immer ein Aufbewahrungsort von
altem Wissen, da wir Bücher in mühseliger Handarbeit
abschrieben und so das Wissen bewahrten. Auch viele
Kunstgegenstände bewahrten wir, die wir für die
Liturgie oder zur Anbetung benötigten. Sogar
Erfindungen haben wir den Klöstern zu verdanken:
Wusstet Ihr, dass es die ersten Babyklappen schon im
12. Jahrhundert in Klöstern gab? Papst Innozenz III.
ordnete diesen Drehladen im vatikanischen Hospiz vom
Heiligen Geist an, um Kindesmord zu verhindern.

Rund fünf Stunden pro Tag und auch in der Nacht
verbringen wir im Gottesdienst. Ich war nicht
unzufrieden im Kloster, aber oftmals wünschte ich mir
doch ein Leben in Freiheit und mit einer Familie. Ein
Ehemann aus Fleisch und Blut – im Kloster war ich die
Braut Christi.

Eines Tages erhielten wir jedoch heimlich ein
Schriftstück mit den 95 Thesen eines bis dahin
unbekannten Mönches namens Martinus Luther, in dem
er den Papst und den Ablass angriff. Wir trauten
unseren Augen kaum. Und später kam ein Flugblatt, in
dem er sich gegen unfreiwillige Klostergelübde wehrte.

Das sei nicht gottgewollt, schrieb er. Wir fielen aus allen Wolken. Alles, was wir bis dahin für heilig gehalten hatten, sollte nun nichts mehr wert sein. Also reifte in einigen von uns der Entschluss, das Kloster heimlich in der Osternacht zu verlassen. Ein Freund Luthers namens Leonhard Koppe brachte uns – versteckt zwischen Heringsfässern – über Torgau nach Wittenberg. Ich lebte dort bei dem berühmten Maler und Apotheker Lucas Cranach und verliebte mich in einen jungen Patriziersohn aus Nürnberg namens Hieronymus Baumgärtner. Allerdings erhielt er keine Heiratserlaubnis von seinen Eltern, und so musste ich tiefenttäuscht von meiner ersten großen Abschied nehmen. Was sollte ich nun tun? Alle anderen Nonnen aus meinem Kloster waren längst verheiratet, nur ich war noch übrig. Nikolaus Amsdorf wollte mich zu einer Hochzeit mit Dr. Kaspar Glatz überreden, aber ich wollte diesen Mann nicht. Ja, er war ein rechter Mann, ein lutherischer Theologe, aber er gefiel mir nicht. Später ging er nach Orlamünde und wurde Nachfolger von Andreas Bodenstein, dem Bilderstürmer. Ich weiß nicht, wo ich den Mut hernahm, aber auf einmal sagte, ich würde nur entweder ihn selbst nehmen – oder Dr. Luther. Amsdorf wollte mich nicht, und Luther war schwer verärgert über meine Unverschämtheit. Aber schließlich „erbarmte" er sich meiner. Nicht aus romantischen Gründen, nein, er wollte einfach seinem Vater einen Gefallen tun, der eine Hochzeit verlangte, und außerdem seinen ermunternden Schriften über christliche Familien mehr Nachdruck verleihen. Der gute Martinus war jedoch bald ganz froh, mich

37

geheiratet zu haben, auch wenn es ihm anfangs merkwürdig vorkam, beim Aufwachen zwei blondeZöpfe neben sich zu erblicken.

Das Zusammenleben mit einem so gelehrten und vielbeschäftigten Manne ist nicht immer einfach. Schon mein Einzug ins Schwarze Kloster war schwierig. Martinus' Diener Wolf Seeberg zeichnete sich nicht gerade durch übergroßen Fleiß aus. Das Bettstroh war seit mindestens einem Jahr nicht erneuert worden, es faulte und stank entsetzlich. Martinus arbeitete so viel, dass er abends nur noch in seine Bettstatt sank und zu erschöpft war, um sich daran zu stören.

Vieles musste ich erst lernen. Wir lebten mit etwa vierzig Menschen in unserem Schwarzen Kloster, darunter auch Flüchtlinge, die aus katholischen Landstrichen kamen und von der Inquisition verfolgt wurden. Sogar aus Österreich, der Schweiz, Ungarn, Böhmen und Dänemark kamen sie zu uns ins Schwarze Kloster. Für sie alle musste ich kochen, Gewänder flicken, und mancherlei Arbeit wie Obst- und Gemüseanbau und Tierhaltung verrichten musste. Mein Gemahl war oftmals beeindruckt von meiner Tüchtigkeit, mit der ich die vielen Herausforderungen meisterte, und nannte man mich halb scherzhaft und halb ernsthaft „Herr Käthe". Er sah aber auch, dass ich oft überarbeitet war und zum Bibellesen nichtimmer die notwendige Zeit fand, und so versuchte er gelegentlich, mir die eine oder andere Arbeit abzunehmen. Ich möchte Euch fürnehm verschweigen, wie gut seine

Arbeit im Haushalt war, Euch jedoch nicht verhehlen, dass mir einmal fast der Kragen platzte. Das war, als er das nagelneue Jäckchen unseres Sohnes Johannes zerschnitt, um seine uralte Hose zu flicken. Martinus verteidigte sich mit dem Bibelwort: „Hilf dir selbst, dann hilf dir Gott!", aber dennoch konnte ich ihm eine Strafpredigt nicht ersparen. Immerhin verhalf ihm diese Historie zu der Erkenntnis: „In häuslichen Dingen füge ich mich Käthe. Im Übrigen regiere mich der Heilige Geist." Damit kann ich als sein Eheweib gut leben.

Trotzdem beschwert es Martinus manches Mal, dass ich kaum einmal zur Ruhe komme, dass die Arbeit nie abreißt und ich trotz der Hilfe meiner Mägde unablässig Beschäftigung finde. Dann sagt er streng zu mir: „Denn man dient Gott auch durch Nichtstun, ja, durch keine Sache mehr als durch Nichtstun. Deshalb nämlich hat er gewollt, dass vor anderen Dingen der Sabbat so streng gehalten werde. Sieh zu, dass du das nicht verachtest." Als gehorsames Eheweib nickte ich dann, gelobte Besserung – und arbeitete weiter. Wenn ich aber einmal klagte, dass mir – besonders während der Schwangerschaften – die Arbeit zu viel wurde, lachte Martinus und meinte getrost: „Wirf dein Anliegen auf den Herrn. Der hat einen breiten Hals und kann's wohl tragen."

Zum Erstaunen meines geliebten Eheherrn wurde ich schwanger, während ich noch unseren Erstgeborenen, unseren Johannes Lütherlein, stillte. Eigentlich gingen wir davon aus, dass ich nicht schwanger würde, solange

39

ich stillte, aber unser lieber Herrgott entschied es
anders. Martinus machte sich Sorgen wegen der Kosten
und kommentierte meine allzu frühe Schwangerschaft
mit den Worten: „Es ist schwer, zwei Gäste zu ernähren:
den einen im Hause und den anderen vor der Tür."

Wie Ihr alle wisst, liebt mein Martinus das Essen. Nicht
umsonst sagt er gern: „Das ist ein gemarterter Mann,
dessen Weib nichts weiß von der Küche. Es ist das erste
Übel, woraus sehr viele folgen." Völlerei lehnte er
jedoch ab und meinte: „Es ist dir durch Gott selbst und
jedermann vergönnt, dass du nicht allein zu deinem
notwendigen Bedarf, sondern ebenso zu Lust und
Freude isst und trinkst und guter Dinge bist. Aber daran
darfst du dir nicht genügen lassen – außer du wolltest
ein solches Schwein und Ekel sein, als wärest du nur
dazu geboren, Bier und Wein zu verbrauchen."
Trotzdem sind für meinen Gemahl die Fastentage nicht
leicht, auch wenn sie für seine Gesundheit bekömmlich
sind. Allerdings schreibt uns die Kirche bis zu 130
Fastentage im Jahr vor, in denen uns Fleisch, Milch,
Butter und Eier verboten sind. Das ist nicht immer
einfach, vor allem für Menschen, die körperlich schwer
arbeiten. Auch Alkohol ist verboten. Aber auch in
Klöstern waren die Menschen schon immer findig. Es
soll in frühen Zeiten Mönche gegeben haben, die sich
ein extra Fastenbier brauten. Allerdings beschlich sie
immer die Furcht, was der Papst dazu sagen würde. Sie
sandten ihm ein Schreiben mit der Bitte um
Entscheidung, ob sie nun dieses Bier in ihrem
Klostertrinken durften oder nicht. Der Papst zuckte mit

den Schultern, denn er kannte kein Bier. Also forderte er die Mönche auf, ihm ein Fässlein Bier zu senden, damit er es kosten und dann entscheiden könne. Die braven Mönche füllten ihrem Papst wunschgemäß ein Fässlein Bier ab, und zwei von ihnen machten sich auf den Weg. Immer weiter gen Süden, hinüber über die Alpen, über Stock und Stein, durch Schnee und bei Sonnenschein, bis hin nach Rom. Der geneigte Zuhörer ahnt was kommt: Das Bier war auf diesem monatelangen Weg völlig verdorben und schmeckte dem Papst überhaupt nicht. Seine Heiligkeit verzog angewidert das Gesicht und meinte: „Dieses grauenhafte Gesöff ist ja eher eine zusätzliche Buße als eine Erschwernis der Fastenzeit. Wenn die deutschen Mönche sich das antun möchten, dann sollen sie!" Und das taten sie dann auch.

Mit dem Essen verfuhren die Klosterleute ähnlich. Den Zisterziensermönchen im Kloster Maulbronn wurde ein schönes Stück Fleisch geschenkt, nur leider erhielten sie dieses Geschenk in der Fastenzeit. Im Kloster lernt man jedoch Sparsamkeit, in einem schwäbischen Kloster wahrscheinlich umso mehr. Also hackten sie das Fleisch klitzeklein, mischten duftende Kräuter darunter, und verpackten teelöffelgroße Stücke davon in einem plattgewalzten Teig. Was der Herrgott nicht sieht, ärgert ihn auch nicht, dachten sie sich, und nannten diese Köstlichkeit folgerichtig „Herrgottsbescheißerle".

Damit waren sie jedoch nicht allein. Der berühmte Fuldaer Abt Hrabanus Maurus meinte, dass Gott die Fische und die Vögel am selben Tage erschaffen hatte, und zwar beide aus dem Wasser. Somit sei zum Beispiel auch ein Hühnchen ein Meerestier und dürfe gegessen werden.

Andernorts war man wiederum strenger. Der Biber jedoch lebt zweifelsfrei im Wasser, und sein Schwanz ist schuppig, also ist er als Fisch anzusehen. Kein Wunder, dass der Biber häufig auf dem Speisezettel stand und man diverse Zubereitungsarten kannte. Der Biber schmeckte den Hungrigen so gut, dass er teilweise fast ausgerottet war, ebenso wie die Otter und Dachse.

Konnte jemand nun seinen Appetit auf Schweinebraten nicht zügeln, so ertränkte man es kurzerhand – damit war das Schwein ein Wassertier (aber kein Meerschwein) und durfte gegessen werden.

Fiel jemanden aber so gar kein Bezug zum Wasser ein, konnte er auch einen Hirschen schießen, das Fleisch pürieren und in Fischform auf den Tisch stellen. So wird der König des Waldes zum Wassertier.

Angesichts dieser Spitzfindigkeiten ist es nicht verwunderlich, dass auch die Päpste an dem Hunger der Gläubigen verdienen wollten. So gestattete Papst Innozenz VIII. das Verspeisen von Butter, nicht ohne jedoch vorher „Buttergeld" kassiert zu haben, womit man den Kirchenbau finanzierte. Die Leute hoben ihre „Butterbriefe" gut auf, sie damit durften sie nicht nur ihr Brot mit Butter bestreichen, sondern auch den guten Butterstriezel essen.

42

Aber nun genug des Fastens, es ging ja eigentlich ums
Essen. Aber Martinus liebt auch das Trinken. Nicht, dass
er Besäufnisse gut hieß, oh nein. Aber einen guten Wein
zu einem guten Essen wusste er durchaus zu schätzen.
Einmal disputierte er mit Doktor Cordatus und meinte:
„Morgen muss ich Vorlesung halten über Noahs
Trunkenheit. Also werde ich heute Abend ordentlich
trinken, damit ich über diese schlimme Sache dann
auch aus Erfahrung reden kann." Da sagte Doktor
Cordatus: „Keinesfalls. Gerade das Gegenteil zu tun ist
nötig!" Darauf Luther: „Man muss ja einem jedem
Lande seine Gebrechen zugute halten. Die Böhmen
fressen, die Wenden stehlen, die Deutschen saufen
getrost. Denn, lieber Cordate, wie wollt Ihr jetzt anders
einen Deutschen vorstellen denn durch Trunk? Zumal
einen solchen, der weder Musik noch Frauen liebt?"
Nun, mein Martinus konnte sich mit seiner Meinung
durchsetzen.

Vom Trinken sprach Martinus häufiger, es gefiel ihm
nicht, wenn sich die Menschen zu sehr dem Trunke
ergaben. So verwundert es nicht, wenn er seine
Ermahnungen zu Buße und Umkehr mit dem Thema
Trinken verband. So sagte er einmal: „Der alte Adam in
uns soll ersäuft werden. Nimm dich aber in Acht, das
Aas kann schwimmen!"

Aber natürlich kommt es nach unseren gemeinsamen
Mahlzeiten oftmals zu fröhlicher Feierei, bei der mein
guter Eheherr mit seinen Freunden und Studenten in

fröhlicher Runde an unserem großen Stubentisch sitzen und reichlich dem Wein und auch dem Bier, das ich braue, zusprechen. Natürlich werden da auch die Gespräche heiterer – und derber, wie es eben so ist, wenn Männer unter sich sind. Verzeiht also bitte, wenn ich Euch auch von diesem Ausspruch berichte.
Jedenfalls: Einer der Studenten erzählte einmal, er kenne einen Mann, der dem Papst treu anhinge und alles Lutherische verachte. Dieser Mann sei von trüber Natur, er lache nie und verstünde auch keinen Spaß, und er liefe jeden Tag mit einem verkniffenen Gesicht umher. Martinus lachte, hob seinen Bierkrug, prostete seinen Gästen zu und rief lachend: „Nun, aus einem traurigen Arsch fährt niemals ein fröhlicher Furz!"

So ist es nicht verwunderlich, dass bei solchen fröhlichen Festlichkeiten dieser berühmt gewordene Trinkspruch ersonnen wurde: „Bist du voll, so leg dich nieder. Stehe auf, und saufe wieder." Das ist so typisch für meinen Martin: Einerseits schreibt er wundervolle Texte und Lieder, mit so feingesetzten Worten, dass ich manches Mal vor Rührung kaum sprechen kann, und andererseits ist er oft derb. Ein facettenreicher Mann.

Von der Sündengefahr sind wir alle und zu aller Zeit in Gefahr. Davor schützt auch kein Theologiestudium. Fast scheint es ins Gegenteil zu verkehren, denn Martinus stellte fest: „Die Arznei macht kranke, die Mathematik traurige, die Theologie sündhafte Menschen." Unser lieber Freund Lucas Cranach, der Maler und Apotheker, erfreut sich guter Gesundheit, aber das beweist wohl nichts. Das Rechnen allerdings überlässt Martinus gerne mir, meine Aufzeichnungen über unsere Ausgaben mag er gar nicht sehen. So scheint es zu stimmen, dass die Mathematik zumindest einige Menschen traurig stimmt. Jedoch macht die Theologie gewisslich auch fröhliche Menschen, denn mein Martinus sparte in seiner Tätigkeit als Prediger nie mit lustigen Bemerkungen. „Das Evangelium kann nicht ohne Humor gepredigt werden", sagt er gerne, und so verwundert es nicht, dass die Menschen gerne in unsere Marienkirche kommen, um seinen Predigten zu lauschen.

Humor braucht es oft bei seiner Arbeit. Einmal wollte er der Predigt eines jungen Vikars lauschen. Der junge Mann war entsetzlich aufgeregt. Die vielen Kirchenbesucher, die zu ihm aufsahen, und ganz vorne der wortgewaltige Martin Luther – das konnte einen jungen Vikar schon aus der Ruhe bringen. Mitleidig schaute ich zu, wie seine bebenden Hände die Blätter mit seinen Notizen durcheinanderbrachten. Mit zitternder Stimme stotterte er: „Ich bin der gute Hirte. Ich bin der gute Hirte." Endlich war Martinus es leid. Er gab dem jungen Prediger ein Zeichen, dass er die Kanzel verlassen solle, stieg selbst hinauf und hielt eine eindrückliche Predigt. Nach dem Gottesdienst meinte er zu dem unglücklichen Vikar: „Ein gutes Schaf mögt Ihr seid, jedoch kein guter Hirte!"

Ein anderes Mal lauschten wir der Predigt eines Pfarrers, der einfach nicht aufhören konnte zu predigen. Er sprach und sprach, und fand kein Ende.

Wir Kirchenbesucher wurden darüber beinahe schläfrig. Als er endlich – Gott sei's gedankt –die Kanzel verlassen wollte, blieb er jedoch mit seinem Priesterrock an einem hervorstehenden Nagel an der Innenseite der Kanzel hängen. Natürlich zerriss der Rock sofort, und Luther spottete: „Dachte ich's mir doch – er war angenagelt und konnte gar nicht aufhören zu predigen."

Da wir gerade vom Predigen und Kirchen sprechen: Der katholischen Kirche verdanken wir übrigens auch den „Hokuspokus". Der gesamte Gottesdienst wurde in lateinischer Sprache abgehalten, die natürlich die einfachen Menschen nicht verstanden. Während der Wandlung, in der das Brot in den Leib Christi verwandelt wird, spricht der Priester: „Hoc es enim corpus meum!", also: „Dies ist mein Leib!" Die ungelehrten Menschen verstanden einfach nur „Hokuspokus". Und da eine Hostie in den Leib Christi verwandelt wurde, war der Weg zum Zauberspruch nicht weit.

Um Worte war Martinus nie verlegen. Ich erinnere mich noch an den Abend, an dem ein Mann an unserer Tür klopfte, der wegen seines evangelischen Glaubens vertrieben worden war und sich in Not befand. Er bat Martinus um eine Gabe. Martinus konnte schlecht Nein sagen, aber er kannte auch unsere oft prekäre finanzielle Situation. Der Unterhalt des Schwarzen Klosters, in dem wir lebten; die vielen Studenten, die oftmals nichts oder nur wenig für ihren Unterhalt bezahlten, das alles verschlang viele Geldstücke. Martinus hatte selbst nur noch einen einzigen Joachimstaler in seiner Kasse, sozusagen seinen Notgroschen. Er zögerte, das letzte Geld zu spenden. Aber dann fielen ihm die Worte Jesu ein, der gesagt hatte: „Was ihr getan habt einem unter diesen meinen geringsten Brüdern, das habt ihr Mir getan." So konnte Martin nicht mehr anders. Er griff in die Kasse und rief energisch: „Joachim, heraus, der Heiland ist da!"

Ich erinnere mich noch an einen Jungen, den sein Vater – ein Hamburger Kaufmann – zu uns in die Burse, also unser Studentenwohnheim, brachte, damit dieser bei Martinus studieren solle. Martinus und der Vater saßen gemütlich in einer Ecke der Stube zusammen, und der Vater erzählte einiges über die Erziehung und die Ausbildung seines Sohnes. Aus den Augenwinkeln sah Martinus, wie die Magd die gebratene und duftende Gans auf den Tisch brachte. Gleichwohl hatte er auch den ungeduldigen, weil hungrigen Jungen im Auge, dem förmlich das Wasser im Munde zusammenlief. Der Junge schnupperte und schlich sich langsam und vorsichtig an die Gans heran. Ein flüchtiger Blick in die Runde, und zack – zog er der Gans mit einem schnellen Griff die Haut vom Leibe. Das blieb natürlich nicht unbemerkt, aber niemand mochte etwas sagen. Alle taten, als hätten sie nichts gesehen. Nur mein Martinus konnte die Sache nicht auf sich beruhen lassen: Er lächelte fein und fragte den Vater: „Was hättet Ihr den Jungen lernen lassen, wenn er nicht Verstand und Geschick zum Studieren gehabt hätte?" Der Vater antwortete: „Die Kaufmannschaft, er hätte später meine Geschäfte übernehmen können." Martinus antwortete spitzbübisch: „Nein, nein, das Gerberhandwerk hätte er lernen müssen, denn er hat jetzt das Gänseleder ganz fein und wohl bearbeitet."

Auch in seinen Tischreden zeigte sich sein unvergleichlicher Humor. Bei einer unserer gemeinsamen Mahlzeiten erzählte er eine seiner Geschichten: „Es wäre zu Wurzen oder je nicht weit davon ein Narr gewesen, der hatte sich in der Fastnacht traurig gekleidet, übel gehabt und kläglich gestellet; hinwiederum, in der Marterwochen zog er schöne Kleider an und war fröhlich und guter Dinge. Als man ihn nun fragte, warum er solches täte, da antwortete er: „In der Fastnacht geschehen viel Sünden, da soll man billig traurig sein; aber in der Marterwoche predigt man, wie Christus für die armen Sünder gestorben ist. Darum soll man fröhlich sein. Das ist eine feine Rede gewesen von einem Narren."

Ein anderer fragte Martinus einst, was Gott wohl getan habe in der unendlichen Zeit vor der Erschaffung der Welt. Mein Gemahl antwortete, Gott habe im Busch gesessen und Ruten geschnitten für die, welche solch törichten Fragen stellen.

An einem sonnigen Nachmittag gingen wir mit unseren Kindern zum Jahrmarkt. Allerlei Gaukler, Taschenspieler, Spielleute, Seiltänzer und Bärenführer zeigten dort ihre Possen und Kunst-stücke. Unsere

Kinder waren begeistert und konnten sich an den fremden Menschen gar nicht satt sehen. In unserem beschaulichen Wittenberg fehlte es meist an Aufregung für junges Volk. Irgendwann trat ein Wahrsager an uns heran und behauptete großspurig, dass er an den Händen eines Menschen erkennen könne, ob dieser großzügig oder geizig sei. Ich betrachtete den buntgekleideten Menschen misstrauisch, denn in der Bibel steht geschrieben, dass Wahrsagerei für Gott ein Gräuel sei. Aber Martinus nahm es leicht. Er lachte herzhaft und meinte: „Freilich muss man es an den Händen sehen, denn es gibt ja auch niemand mit den Füßen!"

Das Leben in unserer Familie war geprägt von tiefem Glauben, harter Arbeit und liebevoller Geschäftigkeit. Das Lachen kam nicht zu kurz. Und doch überfielen Martinus immer wieder düstere Stimmungen und Schwermut. Die Last seiner Verantwortung, die Bauernkriege und seine oftmals harten Schriften bedrückten ihn. Einmal war es gar so arg. Nicht einmal sprechen mochte mein Martinus mehr, geschweige denn arbeiten oder beten. Stumpf brütete er vor sich hin. Ich machte mir große Sorgen um meinen Eheherrn und überlegte, wie ich ihm helfen konnte. Und endlich hatte ich einen Einfall. Ich legte mein schwarzes Gewand an und klopfte an seine Tür. Martinus schreckte aus seinem dumpfen Grübeln hoch, als er mich in meiner Trauerkleidung sah. Besorgt fragte er mich: „Wer ist denn gestorben?" Ernst antwortete ich: „Gott ist gestorben. Wenn du nicht mehr arbeitest und

betest, sprichst und singst, dann ist Gott tot und hat
keine Macht." Das traf ihn bis ins Mark. Seine
Anfechtungen und seine Mutlosigkeit hatten ihn von
Gott entfernt. Schlagartig fiel es ihm wieder ein: Es gibt
keinen Grund zum Verzweifeln, denn Jesus ist und
bleibt der Sieger. Wir haben kein Recht, so zu leben, als
sei Er tot und nicht auferstanden. So wurde es wieder
licht um Martinus, Schwermut und Verzagtheit wichen,
und die lebendige Hoffnung stand wieder vor seinen
Augen. Nun gab es keine Hindernisse mehr, und Luther
ging befreit und voller Glück wieder an seine Arbeit.

* * * * *

_57_

Zweites Kapitel

Was den Menschen meist als erstes einfällt, wenn sie an Martin Luther denken, ist seine Übersetzung der Bibel, einer wahrhaft großen Tat. Allerdings war er nicht der erste, der sich an diese Übersetzung machte. Bereits im 4. Jahrhundert übersetzte der Gote Wulfila die Bibel, aber deren Text ist für uns nicht mehr verständlich. „Atta unsar pu in himiman" - es braucht schon Phantasie, um daraus „Vater unser im Himmel" zu verstehen. In unserer Zeit gab es 72 Teilübersetzungen der Bibel. John Wicliff übersetzte die Bibel ins Englische und wurde dafür nach seinem Tod im Jahre 1384 nach immerhin 31 Jahren zum Ketzer erklärt und seine Knochen wurden 1428 – also 44 Jahre nach seinem Tod - exhumiert und verbrannt.

Die Übersetzungen, die es um 1500 gab, waren kaum verständlich. Sie waren wortwörtlich aus dem Lateinischen übersetzt worden. Wen wundert's, dass niemand die Bibel las. In unserer Zeit hörten wir eher Heiligenlegenden, wir sangen Marienlieder oder sagte liturgische Sprüche auf. Martin kam zu der Erkenntnis, dass jeder Christ die Bibel lesen und verstehen sollte, denn woher sollte er sonst wissen, was Gott uns abverlangt und welche Wohltaten Er uns schenkt. Gelegenheit zur Bibelübersetzung fand er auf der Wartburg. Kurfürst Friedrich der Weise von Sachsen hatte ihn dorthin bringen lassen und das Gerücht verbreitet, Luther sei entführt worden. Viele glaubten gar, Martinus sei ermordet worden. Albrecht Dürer schrieb: „Lebt er noch oder haben sie ihn ermordet? O Gott, ist Luther tot – wer wird uns fortan das heilige Evangelium so klar vortragen?"

Martinus lebte auf der Wartburg als Junker Jörg, stand aber im Kontakt mit Philipp Melanchthon. Dieser riet ihm, das Neue Testament zu übersetzen. Martin Luther schaffte diese gewaltige Aufgabe in nur sieben Wochen. Als Vorlagen dienten ihm die griechische Bibel des Erasmus von Rotterdam und dessen lateinische Übersetzung sowie die Vulgata. Schon im September erschien die hohe Auflage von 3.000 Exemplaren (Septembertestament) von Melchior Lotter in Wittenberg, verlegt von Lucas Cranach und Christian Döring. Teuer war die Bibel, immerhin eineinhalb Gulden kostete sie, trotzdem musste die Bibel bereits im Dezember 1522 nachgedruckt werden, gedruckt mit verbessertem Text und korrigierten Bildern (Dezembertestament). Im Jahre des Herrn 1523 wurde die erste Teilübersetzung des Alten Testaments herausgebracht, und 1525 gab es bereits 22 autorisierte Auflagen und 110 Nachdrucke. Somit besaß ein Drittel aller lesekundigen Deutschen die Bibel in deutscher Fassung. Mit einem Kreis aus Reformatoren und Professoren übersetzte Luther das restliche Alte Testament bis 1534 – die Lutherbibel.

Luther war nicht der erste, der die Bibel übersetzte. Es gab bereits vierzehn hochdeutsche und vier niederdeutsche gedruckte Bibelausgaben, jedoch in

einem so schwierigen und verschachtelten Deutsch,
dass das einfache Volk damit völlig überfordert war. Es
soll sogar mal eine „Ehebrecher-Bibel" gegeben haben,
wo ein wichtiges Wörtlein fehlte, und zwar das „nicht".
Erfreut lasen die Leute „Du sollst ehebrechen". Wie
viele Menschen dieses Gebot befolgten, ist leider nicht
überliefert.

Was die Lutherbibel so einzigartig und neu machte, war
seine Art der Übersetzung. Es ging ihm nicht um eine
wortwörtliche Übersetzung, sondern er wollte die
biblischen Aussagen sinngemäß übertragen. Er sah
Gottes Gnade in Christus als Ziel und Mitte der ganzen
Schrift und schrieb demgemäß, was er glaubte, „was
Christum treibt". Luther schaute dem Volk aufs Maul,
das heißt, er schrieb in einer allgemein verständlichen,
bilderreichen und starken Ausdrucksweise. So erfand er
neue Worte wie Feuertaufe, Bluthund,
Selbstverleugnung, Machtwort, Schandfleck,
Lückenbüßer, Gewissensbisse, Lästermaul und
Lockvogel. Er schrieb neue Redens-arten wie „Perlen
vor die Säue werfen", „ein Buch mit sieben Siegeln",
„die Zähne zusammenbeißen", „etwas ausposaunen",
„im Dunkeln tappen", „ein Herz und eine Seele", „auf
Sand bauen", „Wolf im Schafspelz" oder „der große
Unbekannte". Luthers Sprachform, das
Ostmitteldeutsche seiner Heimat, beinhaltete nord- und
süddeutsche Dialekte und entwickelte sich zum
gemeinsamen Hochdeutsch.

Wahrscheinlich ist den wenigsten Menschen heute

noch bewusst, wie viele der Redewendungen, die sie nutzen, aus der Bibel stammen. Zum Beispiel heißt es „Wer anderen eine Grube gräbt, fällt selbst hinein" (Sprüche 26, 27); „Seinen Freunden gibt der Herr es im Schlaf" (Psalm 127, 2); „Hochmut kommt vor dem Fall (Sprüche 16, 8); „alle Wasser laufen ins Meer" (Prediger 1, 7) oder „der Mensch denkt und Gott lenkt" (Sprüche 16, 9). Auch Begriffe wie „Tohuwabohu", was auf Hebräisch „wüst und leer" bedeutet, oder „Sündenbock" entstammen der Bibel. Im dritten Buch Mose wird beschrieben, wie Israel den Versöhnungstag beging: Das Volk hatte im Laufe eines Jahres viel Schuld aufgehäuft. Dafür mussten dann zwei Böcke büßen. Der eine Bock wurde als Sühnopfer geschlachtet, dem anderen wurden die Sünden Israels aufgeladen. Danach schickte man ihn in die Wüste und zum Teufel, dem Wüstendämon Asasel. Den Begriff „Leviten lesen" fürchten unsere Kinder, ohne den biblischen Ursprung zu ahnen. Das dritte Buch Mose, genannt Levitikus, ist randvoll gefüllt mit Verhaltensregeln in Bezug auf den Gottesdienst, den Opfern und dem Leben in der Gemeinschaft, die die Leviten befolgen mussten.

„Von Pontius zu Pilatus" wurde Jesus Christus geschickt. Pontius Pilatus wollte Jesus nicht verurteilen und schickte ihn zu Herodes, dem Landesfürsten, der Jesus jedoch wieder zurück zu Pilatus schickte (nachzulesen bei Lukas 23).

Weitere bekannte Redewendungen sind „etwas hinausposaunen" (Matthäus 6, 2); „ein Dorn im Auge"

(Num 33, 55), „im Dunkeln tappen" (Dtn 28, 29), „der wahre Jakob" (Genesis 27, 36), „mit Füßen treten" (1. Sam 2, 29), „auf Herz und Nieren prüfen" (Psalm 7, 10), „die Hände in Unschuld waschen" (Psalm 26, 6), „Gift und Galle" (Dtn 32, 33), „auf keinen grünen Zweig kommen" (Hiob 15, 32), „Jugendsünden" (Psalm 25, 7), „alles hat seine Zeit" (Kohelet 3, 1), „Brief und Siegel" (Jer 32, 44), „Wolf im Schafspelz" (Matthäus 7, 15) und „die Haare zu Berge stehen" (Hiob 4,15).

Weiterhin fand ich in der Bibel Redewendungen wie „alt wie Methusalem", „die Spreu vom Weizen trennen", „ein Buch mit sieben Siegeln", „ein gerüttelt Maß", „ein schwarzes Schaf", „Hiobsbotschaft", „etwas hüten wie seinen Augapfel", „jemanden sein Herz ausschütten", „sein Licht unter den Scheffel stellen", „seine Hände in Unschuld waschen", „sich die Augen aus dem Kopf weinen", „sich wie ein Lamm zur Schlachtbank führen lassen", „wie Schuppen von den Augen fallen", „zur Salzsäule erstarren", „bleibe im Lande und nähre dich redlich", „Hochmut kommt vor dem Fall", „selig sind die Friedfertigen" oder „wer anderen eine Grube gräbt, fällt selbst hinein".

Mittlerweile gibt es hunderte oder wahrscheinlich eher tausende Bücher zur Bibel. Erklärende Bücher, Auslegungen, Erfahrungsberichte und vieles mehr. Dabei ist es sehr spannend, welche Lehren die Menschen aus der Bibel ziehen. Ein mir leider unbekannter Autor schrieb: „Das nächste Mal, wenn du denkst, Gott könnte dich nicht gebrauchen, erinnere

dich: Noah war ein Säufer. Abraham war zu alt. Isaak war ein Tagträumer. Jakob war ein Lügner. Lea war hässlich. Josef wurde missbraucht. Mose stotterte. Gideon hatte Angst. Simson hatte lange Haare und war ein Frauenheld. Rahab war eine Hure. Jeremia und Timotheus waren zu jung. David hatte eine Affäre und war ein Mörder. Elia war selbstmordgefährdet. Jesaja predigte nackt. Jona lief vor Gott weg. Hiob war pleite. Johannes der Täufer aß Käfer. Petrus verleugnete Christus. Die Jünger schliefen beim Beten ein. Marta machte sich immer Sorgen. Maria Magdalena war besessen. Die samaritische Frau war mehr als einmal geschieden. Zachäus war zu klein. Timotheus hatte ein Magengeschwür – und Lazarus war tot!! Keine Ausreden mehr. Gottes wartet darauf, dein volles Potenzial einzusetzen! Jesus wählte seine Jünger bewusst wegen ihrer Normalität aus. Thomas zum Beispiel war Pessimist, doch er blieb treu. Er war Melancholiker, zweifelte aber nicht an seinem Herrn!"
Ein wunderbarer Text, der uns alle motivieren sollte.

Und obwohl uns die Bibel dank Martinus in deutscher Übersetzung vorliegt, gibt es doch noch viele Missverständnisse und Fragen, unbekannte Ausdrücke, Redewendungen und Handlungen. Immanuel Kant schrieb, dass die Endabsicht des Bibellesens sei, bessere Menschen zu machen. Ob das gelungen ist? Die Bibel gibt es mittlerweile in ca. eintausend Sprachen, sie ist der Bestseller überhaupt. Aber von hundert Bibelbesitzern sind in Deutschland höchstens fünfzehn auch Bibelleser. Dabei ist die Bibel Gottes Wort – sollte nicht jeder Christ die Bibel kennen?

Und auch bei Bibellesern bleiben viele Fragen offen.
Luther übersetzte zum Beispiel beim 1. Mose 24, Vers 2
– 3: „Lege doch deine Hand unter meine Hüfte; Ich will
dich schwören lassen…" Wer weiß heute schon, dass
mit „unter der Hüfte" das männliche Glied gemeint
war, dass in vielen Kulturkreisen als heilig galt?

Oder wusstet Ihr, dass Bibel-Comics keine neuzeitige
Erfindung sind? Schon im Mittelalter gab es
Armenbibeln, die die biblischen Geschichten in Bildern
erzählten. Dass unser geliebter Jesus heutzutage jedoch
in den so genannten Volxbibeln „auf dem Berg chillt"
oder seine Jünger per Handy anruft, geht mir persönlich
doch etwas zu weit, aber das ist natürlich Geschmacks-
sache.

Auch die Überschriften der Kapitel lassen mich grübeln:
„Mose bringt Nörgler mit neuartiger Frühstückskost
zum Schweigen" – dahinter verbirgt sich das Manna-
Wunder. Oder „Kleider erfunden" – natürlich bei der
Vertreibung aus dem Paradies. Oder „Dirty Dancing",
wo Salome tanzt und Johannes geköpft wird.

Immerhin rufen wir den Namen unseres Herrn öfter an,
als wir wissen. Das „Weh-Geschrei" beinhaltet das
Wort „Jahwe". Dies entstammt einem hebräischen
Rechtsschutz – wer Jahwe anrief, stand unter dessen
Schutz. Das Wort „Halleluja" bedeutet „lobet Jahwe".

Dem Bibelleser ist sicherlich aufgefallen, dass immer wieder die Zahlen 7 und 40 auftauchen. Die 7 ist die Zahl der Vollkommenheit. Vielleicht wegen der damals sieben bekannten Planeten; vielleicht, weil die Worte „sieben" und „vollkommen" auf Hebräisch ähnlich klingen – der Grund ist letztlich nicht bekannt. Der siebte Tag – der Sabbat – gehört jedenfalls dem Herrn und soll den Gläubigen Zeit und Muße zum Kirchenbesuch und Bibellesen geben. Die Zahl Vierzig bezeichnet in Jahren die Dauer einer Generation. Wenn also die Hebräer vierzig Jahre durch die Wüste ziehen, dann nicht, weil sie nie nach dem Wege fragten, sondern um eine gesamte Generation auszumerzen. Die Zahl Vierzig bedeutet jedoch auch „ganz viele", steht also für eine unbestimmte Zahl.

Wir alle wissen, dass Eva ihren Adam mit einem Apfel verführt hat. Unser lieber Freund Lucas Cranach hat dies ja auch sehr schön gemalt. Aber stimmt das wirklich? Nein. Und Schuld daran haben die Griechen. Sie malten in vorbiblischen Zeiten Bilder mit einem Baum voller Äpfel, die von einer Schlange bewacht wurden – nach einer Sage von den Hesperiden. Die Göttin Nyx, die Göttin des Schlafes, bezwang alle Götter durch den Schlaf. Der Ehemann Atlas beteiligte sich am Kampf gegen die Götter und musste zur Strafe das Himmelsgewölbe (nicht die Erdkugel) auf seinen Schultern tragen und mit einem Drachen die goldenen Äpfel zu bewachen. Somit ist klar, dass der Apfel aus dem Paradies griechischen Ursprungs war. Diesem unerlaubten Apfelessen folgte die Vertreibung aus dem

Paradies – kein Wunder, dass Adam der Bissen im Halse stecken blieb und die Männer allesamt einen Adamsapfel haben.

In den alten biblischen Zeiten liebte unser Gott den „lieblichen Brandgeruch" der Tieropfer. Zum Glück änderte Er später Seine Meinung. Aber damit die Menschen diesen Brandgeruch ebenfalls aushalten konnten, verbrannten sie duftende Kräuter und Weihrauch. Diese Opfer galten später als heidnisch, daher verbot die Kirche das Verbrennen von Weihrauch. Erst im Mittelalter begann man wieder damit – um die Ausdünstungen der Gläubigen zu übertünchen.

Hat sich schon jemals jemand darüber gewundert, dass man früher Trümmer würzte? „Abimelech streute Salz auf die Trümmer", heißt es in der Erzählung um die Stadt Sichem. Nun war Salz nicht nur ein beliebtes Gewürz oder ein Mittel zur Konservierung von Fisch oder eine Beigabe zu jedem Tieropfer, sondern man streute symbolisch Salz auf die Trümmer einer Stadt, damit sie nie wieder aufgebaut werden würde, so wie auch ein versalzener Acker auf lange Jahre hin unbrauchbar blieb.

Martinus nahm die Bibel äußerst ernst, aber selbst er weiß, dass sich die Zeiten geändert haben. Er würde seine Töchter nicht mehr in die Sklaverei verkaufen, und auch, als seine Augen schwächer wurden, näherte er sich furchtlos dem Altar. Martinus war ein eifriger

Verfechter der Musik, er brachte sich nach einer Beinverletzung selbst das Laute spielen bei und schrieb eine große Anzahl von Liedern. Er meinte, dass Musica Labsal für die Seele ist, auch wenn in der Bibel beim Propheten Amos steht: „Hört auf mit dem Geplärr eurer Lieder!"

Auch Martinus trägt Gewänder aus verschiedenen Stoffen, und Quasten sind an seinem Umhang auch nicht mehr angebracht. Martinus predigte, dass die Bibel nach der Bedeutung des Wortes verstanden werden muss, nicht nach den Buchstaben. Hat Jesus nicht selbst gesagt, dass der Sabbat für den Menschen und nicht der Mensch für den Sabbat gemacht ist? Hat Jesus nicht selbst die Heilung eines Menschen, das Abreißen von Ähren durch Hungrige oder das Suchen eines verlorenen Schafes über die Sabbatruhe gestellt? Es ist für uns oftmals schwer zu verstehen, was Gott uns mit Seinen vielen Ge- und Verboten im Alten Testament sagen will. Er verbot den Männern, Frauengewänder zu tragen, und den Frauen, Männergewänder zu tragen. Der Hintergrund ist, dass die Juden sich nicht an den Festen für die Fruchtbarkeitsgöttin Astarte beteiligen sollten, die regelmäßig mit Orgien endeten.

Auch interessiert es Gott nicht wirklich, ob die Männer Quasten an ihren Gewändern trugen oder nicht. Die Quasten sollten gemäß dem vierten Buch Mose nur dazu dienen, die Menschen „an Meine Gebote zu erinnern. Sie sollen euch mahnen, dass ihr nach Meinen Weisungen lebt und euch nicht von euren Gedanken und euren lüsternen Augen zum Ungehorsam verleiten lasst. Dann werdet ihr ein heiliges Volk sein, ein Volk, das seinem Gott ganz gehört". So spricht Gott. Es war wohl nicht Sein Plan, Sein Volk in ein starres Netz von Regeln zu pressen, in dem sie fast erstickten, sondern ihnen eine gute und hilfreiche Richtschnur an die Hand zu geben. Das beweist auch das „Buch der Weisheit", in dem zu lesen ist: „Übertreib es nicht mit der Rechtschaffenheit und bemühe dich nicht zu sehr um Wissen! Warum willst du dich selbst zugrunde richten? Schlag aber auch nicht über die Stränge und bleib nicht in der Unwissenheit! Warum willst du vor der Zeit sterben? Halte dich an die gesunde Mitte! Wenn du Gott ernst nimmst, findest du immer den rechten Weg!" Mögen wir ihn alle finden.

* * * * *

Drittes Kapitel

Wie Ihr wisst, hat Martinus sich nicht nur über den Ablasshandel erregt und deswegen seine 95 Thesen zum Disput veröffentlicht, auch die Reliquien waren ihm ein Ärgernis. Was soll das Anbeten diverser Gegenstände nutzen, fragt er sich. Es kommt doch nur darauf an, Gott, unseren Herrn, zu lieben und zu ehren und seinen Nächsten zu lieben wie sich selbst. Menschliche Bemühungen führen nicht ins Himmelreich, denn kein Mensch auf der Welt ist gut genug, um sich den Himmel zu verdienen. Gott musste Mensch werden, um für uns und unsere Sünden zu sterben, und wer Jesu Opfer demütig annimmt, ist errettet. Welches menschliche Opfer könnte Jesu Opfer übertreffen? Jesu hat mit Seinem Tod die Sünden der Welt hinweg-genommen und uns das ewige Leben geschenkt. Das Anbeten von Fingernägeln, Zehenknöchelchen oder Gewänder so genannter heiliger Menschen bringt den Menschen nicht das Heil.

Den Heiligen gönnt man auch im Himmel keine Ruhe, denn jedem werden spezifische Aufgaben zugewiesen. So ist zum Beispiel der heilige Blasius der Helfer gegen Husten, Hals- und Zahnschmerzen. Die Zuständigkeit für Halserkrankungen erscheint jedoch makaber, wenn man bedenkt, dass man Blasius das Haupt vom Halse schlug.

Wenn ich mich persönlich mit Interessierten unterhalte,

zeige ich gerne meine Reliquiensammlung. Unser lieber Kurfürst Friedrich der Weise hat sie mir aus seiner reichhaltigen Reliquiensammlung geliehen, und ich erlebe stets fromme Andacht, wenn ich diese heiligen Gegenstände zeige.

Der Gedanke, dass man früher gerade verstorbenen Heiligen die Fingernägel ausriss oder die Haare abschnitt, um sie seiner Kirche zu spenden, oder dass man sie so lange kochte, bis ihnen das Fleisch von den Knochen abfiel, um dann die Knochen unter sich aufzuteilen, behagt mir nicht. Deswegen besitze ich keine Knochen, sondern weniger blutrünstige Reliquien, so wie sie in meiner Zeit sehr begehrt waren:

Zum Beispiel habe ich Samenkörner, die noch aus dem Garten Eden stammen. Gott selbst hat den Garten Eden bepflanzt und hielt vielleicht diese Samen in Seiner Hand. Wer kann sich schon vorstellen, welche herrlichen Blumen daraus erwachsen würden? Weiterhin besitze ich Sand von der Wüste Schur, der Moses in seine Sandalen rutschte, eine Feder vom Flügel des Erzengels Gabriel.

Auch Milch, die noch von der Heiligen Jungfrau Maria stammt und wundersamer Weise nie verdorben ist. Ein Beweis dafür, wie heilig sie ist. Aber dies ist nicht das Einzige, was ich aus Jesu Kindheit zeigen kann. Außerdem besitze ich einen Faden aus Jesu Windel und Stroh von der Krippe zu Bethlehem, in der das kleine Jesuskind schlief.

Wolle von dem Schaf, das neben der Futterkrippe
schlief. Ist Euch jemals der Gedanke gekommen, wie
bezeichnend es ist, dass Jesus, der später der Hirte der
Welt wurde, neben einem Schaf geboren wurde?
Im Stall schlief auch der Esel, auf dem Maria nach
Bethlehem geritten war. Später ritt Jesus auf einem
jungen Esel nach Jerusalem, und daher besitze ich
Haare von diesem Esel.

Leider fehlt mir als Höhepunkt Jesu Vorhaut. Die
Theologen streiten seit vielen Jahren darüber, ob Jesus
Christus nun mit oder ohne Vorhaut leiblich in den
Himmel aufgefahren ist, da er ja als gutes jüdisches
Kind im Alter von acht Tagen beschnitten wurde.
Weltweit gibt es immerhin vierzehn Stück davon, womit
bewiesen ist, dass Jesus ohne Vorhaut zu Seinem Vater
aufgefahren ist. Jesus höchstselbst ist der heiligen
Kirchenlehrerin Katharina von Siena im Traume
erschienen. In diesem Traum habe er der jungen Frau
seine Vorhaut als „Vermählungsring" über den Finger
gestreift, und Katharina hat diese dann wie einen
Ehering getragen. Als sie im Jahre des Herrn 1380 starb,
trennte man ihr den Finger ab. Der Finger wird bis
heute in Siena verehrt.

Zu meiner Sammlung gehört einer der Steine, mit denen
Maria Magdalena gesteinigt werden sollte, sowie eine
Brotkruste vom letzten Abendmahl, das unser Herr Jesus
am Abend vor Seiner Gefangennahme mit seinen
Jüngern teilte.

Besonders schön sind die Schwanzfedern von dem
Hahn, der krähte, nachdem Petrus Jesus verraten hat.
Beliebt bei Reliquiensammlern sind die Nägel, mit denen
unser lieber Herr Jesus Christus ans Kreuz geschlagen
wurde. Von diesen Nägeln gehen gewiss besonders
starke Heilkräfte aus, denn schließlich ist der Heiland
für unser aller Sünden gestorben, ebenso kostbar sind
Splitter von dem Kreuz, an das unser Erlöser genagelt
worden war.

Sehr wichtig ist mir mein Heiligenbildchen vom
heiligen Antonius von Padua, das ich sorgsam in meiner
Lutherbibel aufbewahre. Heiligenbildchen sind sehr
beliebt in unserer Zeit, denn sie sind auch für die
kleinen Geldkatzen armer Leute erschwinglich.
Antonius ist verantwortlich für eine gute Ernte, hilft bei
Unfruchtbarkeit, Fieber und Pest, und steht den
Menschen in Liebes- und Eheangelegenheiten und beim
Altwerden bei. Er ist auch der Schutzheilige für Pferde,
Esel, Schweinehirten, Bäcker und Bergleute. Auch die
Fische schienen ihn ins Herz geschlossen zu haben.
Antonius wollte den Menschen predigen, die jedoch an
seinen Warnungen und seinem Aufruf zur Umkehr kein
Interesse hatte. Die Fische jedoch kamen scharenweise
angeschwommen, steckten ihre Köpfe aus dem Wasser
und lauschten seiner Predigt. Ob sie sich taufen ließen,
ist leider nicht überliefert.

Antonius verhilft weiterhin den Frauen zu einer guten
Geburt. Die Frau muss einfach, wenn ihre Wehen

anfangen, das Heiligenbildchen in winzige Stücke
zerreißen, in Wein geben und das Ganze trinken. Dann
werden die Wehen nicht allzu schlimm, das Kind wird
gesund geboren und – es hält das Heiligenbildchen
unversehrt in seinem linken Händchen. Ich kenne zwar
kein einziges Weib, bei dem das geklappt hat, aber der
Glaube daran ist unerschütterlich. Antonius von Padua
ist zu guter Letzt hilfreich beim Auffinden von
verlorenen Gegenständen, weshalb viele Menschen ihn
äußerst respektlos als „Schlamperltoni" bezeichnen.

Und der Höhepunkt meiner Sammlung befindet sich
hier in diesem Glas, es ist etwas unglaublich Kostbares,
auf das man fein Acht geben muss. Das Glas ist nicht
leer, wie es den Anschein hat: Dies ist – der Atem
Christi!

Aber nun genug von den Reliquien. Martinus wäre
nicht entzückt, wenn er wüsste, dass ich sie aus Kurfürst
Friedrichs reichhaltiger Reliquiensammlung entliehen
habe, auch wenn er unseren durchlauchtigsten
Kurfürsten überzeugt hat, dass von Reliquien kein Heil
ausgeht. Immerhin 19.018 Reliquien hat Friedrich
gesammelt, er besitzt sogar die Schale, in der Pontius
Pilatus seine Hände in Unschuld gewaschen hat.
Friedrich hatte früher seine Reliquien ausgestellt, und
die Gläubigen haben viel Geld dafür bezahlt, sie zu
sehen und dafür Ablass von den Sündenstrafen zu
erhalten. Der Kurfürst hat damit so viel Geld verdient,
dass er die Kosten für seine Universität damit bestreiten
konnte, aber Martinus hat ihn davon überzeugt, dass es

un-evangelisch ist, sein Heil in Reliquien zu suchen. „Lüge, närrische Täuschung mit Hunds- und Pferdeknochen, ein Betrug, über den der Teufel gelacht hat", sagte Martinus, und damit hat er wohl Recht. Trotzdem – wer mag, kann gerne zu mir kommen und sich die Reliquien anschauen. Wer weiß – vielleicht könnt Ihr ja doch ein paar Tage Ablass erlangen. Ihr wisst ja: Wer's glaubt, wird selig!

So, ich hoffe, meine kleinen Historien über den berühmten Reformator haben Euer Gefallen gefunden. Bedenkt, was Martinus einst sagte: „Ohne ein fröhliches Gewissen und ein unbeschwertes Herz vor Gott kann niemand selig werden." Ich danke Gott für die Gnade, ein so erfülltes und glückliches Leben mit meinem herzlich geliebten Martinus führen zu dürfen und bin glücklich, das sein „Erbarmen" über mich zu einer liebevollen Ehe führte. Martinus sagte einst: „Nicht um Frankreichs oder Venedigs willen wollte ich meine Käthe hergeben. Sie ist mir von Gott gegeben, wie auch ich ihr. Sie ist ein treues Weib und ihre Tugenden sind größer als ihre Mängel." Ist das nicht ein wunderbares Kompliment? Wir arbeiten, beten – und lachen viel zusammen.

Ich wünsche Euch, dass Ihr Euch Eure Heiterkeit bewahren könnt, Euer Gewissen und Eure Seele nicht von Trübnis beschwert werden und Ihr im Gebet froh und dankbar zum Herrn sprecht. Möge Gott Euch behüten und beschützen. Gehabt Euch wohl.

* *

Eine winzige Auswahl verschiedener Aussprüche von
Martin Luther:

Das ist der Unterschied zwischen Tier und Mensch,
dass dieser auch ein Sonntagskleid hat.

Für die Toten Wein, für die Lebenden Wasser, das ist
eine Vorschrift für Fische.

Unkraut wächst schnell. Daher wachsen Mädchen auch
schneller als Jungen.

Wenn wir täten, was wir sollten, und nicht machten,
was wir wollen, dann hätten wir auch, was wir haben
sollen. Nun tun wir aber, was wir wollen, und nicht,
was wir sollten, darum müssen wir aushalten, was wir
nicht wollen.

* *

Mein lieber treuer Freund Willi
in seiner mittelalterlichen Gewandung

Quellenverzeichnis:
* „Hier spraye ich, ich kann nicht anders – Thesen und andere Anschläge. Anekdoten um Martin Luther" von Manfred Wolf, Evangelische Verlagsanstalt Leipzig
* „Hier stehe ich, ich kann nicht anders – Luthers Leben in deftigen Anekdoten, von ihm selbst erzählt", Hörbuch vom Verlag Eulenspiegel, gesprochen von Heinz Drewniok
* „Hier stehe ich, es war ganz anders – Irrtümer über Luther" von Andreas Malessa, Verlag: SCM Hänssler
* „Kleines Lexikon der religiösen Irrtümer – Von Abba bis Zölibat" von Andreas Malessa, Gütersloher Verlagshaus
* „Mit Humor durch die Bibel – Anekdoten, Witze, Kuriositäten", zusammengetragen von Annegret Kokschal, benno-Verlag
* „Legenden um Martin Luther und andere Geschichten aus Wittenberg" von Volkmar Joestel, Verlag: Schelzky & Jeep
* „Notiert in Gottes Terminkalender – Heitere Anekdoten rund ums Kirchenjahr" von Gerd Heinz-Mohr, Herder-Verlag
* „Ente zu verschenken – barfuß unterwegs zu mir selbst" von Schwester Jordana, Verlag Rowohlt Polaris
* „Was wirklich in der Bibel steht" von Manfred Barthel, Ullstein-Verlag
*www.belauscht.de
* http://www.die-bibel.de/bibelwissen/ist-die-bibel-noch-aktuell/biblische-redensarten/
* http://www.phraseo.de/sammlung/bibel/
https://de.wikipedia.org/wiki/Martin_Luther#Bibel.C3

.BCbersetzung
* „Komische Heilige – Sonderbares aus der Welt der Religionen" von Uwe Bork, Piper-Verlag
* „Das neue Hausbuch des christlichen Humors (Witze und Anekdoten)" vom benno-Verlag
* https://de.wikipedia.org/wiki/Martin_Luther (Bild von Martin Luthers Eltern)
****

Mit einem lieben Dank an **Martin Würzburger** für das schöne Foto von Willi und mir

72